人物叢書

新装版

大《たい》正《しよう》天《てん》皇《のう》

古川隆久

日本歴史学会編集

吉川弘文館

大正天皇肖像（宮内庁提供）

多《た》摩《まの》陵《みささぎ》（宮内庁提供）

武蔵陵墓地（東京都八王子市長房町）内に設けられた大正天皇の陵墓である．大正天皇死去直後に陵墓地に決定され，昭和２年２月５日に完成した．皇室陵墓令の規定に従い造営され，敷地面積は2500平方メートル，陵の形状はコンクリート製のドーム形で，近代的な姿を呈している．

はしがき

大正天皇は、明治十二年（一八七九）八月に生まれ、大正元年（一九一二）七月に践祚《せんそ》（事実上の即位）したが、病気のため大正十年十一月に裕仁《ひろひと》皇太子を摂政に立てて事実上引退し、そのまま大正十五年（一九二六）十二月に死去した。

実質上の在位期間はもとより、死去までの形式上の在位期間を含めても、今のところ近現代の天皇では在位期間が最も短い。しかも、従来、単行本の伝記としては、死去直後の昭和二年に出版された高木八太郎・小島徳彌編『大正天皇御治世史』しかなかった。大正天皇に関する学術的な研究は、政治史や文学史の分野で若干行なわれてきたに過ぎない。多くの伝記が出版されてきている明治天皇や昭和天皇と比べて、近現代の天皇の中での大正天皇の存在感はきわめて薄く、評価も低い状態が続いてきていたのである。

しかし、平成十二年（二〇〇〇）に出版された原武史『大正天皇』は、『大正天皇御治世史』

以来初の伝記であっただけでなく、大正天皇を肯定的に評価する画期的な伝記として、大きな反響を呼んだ。ただし、その論旨については批判も多く、小生も批判の論を張った（「大正天皇は「賢君」だったのか」）。そして、同書の出版を契機に、大正天皇に関する研究が活性化し、新史料の公開や出版が相次いだ（「大正天皇像の再検討」）。

大正天皇の正史として宮内省で昭和初期に作られながら、長らく非公開、未公刊だった宮内庁蔵「大正天皇実録」も、ごく一部（大正元年七月から大正十年六月まで）、しかも黒塗り部分が多い状態ながら、平成十四年から公開され始めたのもその一つである。

こうした一連の状況から、大正天皇の実像をきちんと描くことができる条件が整ってきた。そこで生れたのが本書である。

本書の執筆にあたっては、当然のことながら、多くの文献・史料を参照した。ただし、巻末の「参考文献」には、最終的に執筆に利用したもののみ記載した。著者、編者、未公刊史料の所蔵機関には厚くお礼申し上げる。また、授業で本書の構想についての話を聞いてくださり、意見をくださった院生や学生諸君、去年十一月開催のシンポジウム「東京／日本らしさの《核心》を照射する」において、皇居に関する話をする機会を与えて下さった後藤範章日本大学文理学部教授にもお礼を申し上げたい。また、特に皇太子時代の大正天皇に三菱財閥から贈られたヨット「初加勢」について、艦船史に詳しい坂口太助氏（日本大学院生）、およびインターネットサイト「近代世界艦船事典」の主宰者（ペンネームhush氏）から参考文献について貴重なご教示を得たことについても感謝申し上げたい。

本書が、日本の近代史のみならず、皇室の過去・現在・未来を考える上で何がしかの貢献をなすことができれば、これにまさる喜びはない。

なお、史料の引用に際しては、漢字は原則として新字を用い、句読点は適宜補った。引用史料中の（　）は引用者の注である。また、引用史料中には現在の視点からは容認できない表現が見られるところがあるが、歴史的資料としての性格上、そのままとした。

平成十九年五月

古川隆久

目次

口絵

大正天皇肖像

多摩陵

挿図

第一　幼少時代

一　出生

明治十二年八月

大正天皇は、明治十二年（一八七九）八月三十一日午前八時十二分、明治天皇の第三皇子として、東京市内にあった青山御所内の青山御産所で出生した。この日の東京は最高気温三一度、夏らしい晴れた暑い日であった。生母は権典侍《ごんのないしのすけ》柳原愛子《なるこ》。大正天皇は側室の子であったわけだが、他の皇子皇女同様、形式上は皇后美子《はるこ》の実子となる。

当時の世相

明治十二年八月といえば、最後の士族反乱である西南戦争が終わってからまだ二年足らずである。宮中では、明治天皇の信頼を得て復古的な天皇親政運動を進める佐佐木高行や元田《もとだ》永孚《ながざね》らの侍補《じほ》グループと、近代国家建設をめざし、天皇の不親政化をめざす伊藤博文《ひろぶみ》ら参議《さんぎ》グループとの確執が続いていた。一方在野では、前年九月に愛国社が再興されたことにうかがえるように、自由民権運動が本格的に盛り上がり始めていた。

近代国家への歩み

外交に眼を転じると、琉球《りゅうきゅう》の帰属をめぐって中国（清朝）と交渉が行われており、明治天皇は大正天皇出産の前日まで、来日していた前アメリカ大統領グラントの応接に忙しかった。グラントは明治天皇との会見で、内政や外交について数々の助言をしている。内外ともに、万国に対峙できる近代国家確立への模索が続いていた時期であった。

また、社会では、この年三月から、維新後二度目のコレラの大流行が発生し、人々は不安な日々を過ごしていた。人口がおよそ三六〇〇万人あまりの当時にあって、罹患者が一六万人あまりにのぼり、死者は一〇万人に達した。近代的な医療制度の確立はまだ緒についたばかりであった。東京の町は銀座などごく一部を除けば、なお瓦屋根の建物がほとんどという状態で、江戸の面影を色濃く残していた。

青山御所

青山御所は、もとは旧和歌山藩主徳川茂承《もちつぐ》の私邸の一部で、さらにたどれば紀州徳川藩の中屋敷である。明治六年十二月に皇太后の住居にあてられ、青山御所と名づけられた。ここはのちに大正天皇の皇太子時代の住居、すなわち東宮《とうぐう》御所となり、その後現在に至るまで東宮御所が置かれてきた。なお、同年五月、旧江戸城の皇居が火災で焼失したため、同じ敷地内の西側の部分である赤坂離宮が仮皇居となっていた。皇居の再建は財政難のため遅れ、旧江戸城内に戻るのは十五年半ものちの明治二十二年一月のことになる。

柳原愛子

　生母柳原愛子は、安政《あんせい》六年（一八五九）、堂上《とうしょう》公家（宮中の高官になる家柄）であった柳原光愛《みつなる》の娘として生まれ、明治三年皇室に出仕、同六年権典侍となった。兄の柳原前光《さきみつ》は明治維新の際に東海道鎮撫《ちんぶ》副総督となり、その後外交官を歴任、明治八年以後は元老院《げんろういん》議官として憲法試案作成に深く関わった。明治十七年の華族令《かぞくれい》制定により伯爵位を得、駐露公使、元老院議長や枢密《すうみつ》顧問官などの顕職を歴任し、明治二十七年に死去する。

明治天皇の子供たち

　明治天皇は、嘉永《かえい》五年（一八五二）九月（以下明治五年までは旧暦）に生れ、慶応《けいおう》三年（一八六七）一月に践祚《せんそ》したのち、明治元年（一八六八）十二月に一条美子《はるこ》を皇后に迎え、大正天皇が生まれるまでに側室に四人の子供を生ませていたが、すべて早世していた。

明治天皇

相次ぐ死去

　第一皇子は明治六年九月十八日に生れたが即日死去、第一皇女は同年十一月十三日に生れたがやはり即日死去した。いずれも生母もまもなく死亡している。第二皇女は柳原愛子を母として同八年一月二十一日に生まれ、薫子《しげこ》と名づけられたが同九年六月八日に死去、第二皇子もやはり愛子を母として同十年九月二十三日に生まれ、建宮敬仁《たけのみやゆきひと》親王と名づけられたが、同十一年七月二十六日に死去した（親王とは天皇の男の子供または孫、内親王とは女の子供または孫をさす）。

皇室の乳児死亡率

そもそも明治天皇の場合も、兄弟姉妹は合わせて五人いたが、すべて三歳までに死亡しており、明治天皇の父である孝明《こうめい》天皇の場合も、一四人の兄弟姉妹のうち成人したのは和宮《かずのみや》と淑子《すみこ》内親王だけであった。当時の日本の乳児死亡率（出生以後一年以内の死亡率）は二割程度と推定され、同時代の欧米列強より高かったが、同時期の皇室は日本の平均よりはるかに高かったことになる。

古いしきたりが悪影響

その原因だが、側室たちの籠の鳥のような生活が、結果的に一般の人々より不健康な生活となっていたこと、そして少なくとも出産や幼児の養育に関してはまだまだ古いしきたりや儀式が残り、それらが新生児の健康に悪影響を及ぼしていたと考えるほかはない。実際、側室たちは公式行事には参加しないため外出の機会がなく、青白い顔をしていた。また、明治初期に原因不明の乳児の死亡が多発し、身分の高い家の女性は鉛白粉《おしろい》を乳房にまで塗っていてそれを乳児が吸ってしまうためではないかといわれたという

出生時の状況

（『皇后の近代』）。

大正天皇の場合も非常な難産となった。愛子はそもそも体調が悪かった上に、出産時にヒステリー状態となり、大正天皇も虚弱な状態で生まれ、しかも全身に発疹がみられた。明治天皇は出生にあたり、中山忠能《ただやす》を皇子御世話に任命した。中山は堂上公家の家柄で、尊攘《そんじょう》派として岩倉具視《ともみ》らと活躍した維新の功臣の一人。明治天皇の生母である権典侍中山慶子《よしこ》の父でもあった。明治天皇はこのとき七〇歳のこの老臣に息子の世話を託したのである。また、漢方医浅田宗伯《そうはく》・今村亮《とおる》（了庵《りょうあん》）・岡桐蔭《とういん》（了允）の三名がこの子供の懸命の治療にあたった（『明治天皇紀』第四、「宮中出仕漢方医家の当直日誌について」一二）。

皇室の医療体制

浅田宗伯

当時明治政府は、明治七年八月に、文部省医務局長（のち内務省衛生局長）長与専斎《ながよせんさい》らによって作られた「医制」を制定するなど、西洋医学による医療制度の確立を進めていた。しかし、皇室にあっては、一般社会と同じく漢方医学が採用されていた。政府によって西洋文明の先駆者としての役割を担わされていた皇室にしては不思議な事態だが、明治天皇の保守的な生活態度が主な原因と考えざるを得ない。

漢方医浅田宗伯

三人の漢方医のうち、浅田は信濃《しなの》国（長野県）の出身。将軍徳川家茂《いえもち》に拝謁を許されたこともある、名漢方医として知られた人物で、この年三月に温知社を結成して西洋医学批判、漢方医擁護運動の先頭に立っていた（『日本の医療行政』、『浅田宗伯書簡集』）。浅田らは漢方医学の存続のためにもこの子供を死なせるわけにはいかなかったのである。

明宮嘉仁と命名

九月六日、天皇はこの子供を明宮嘉仁《はるのみやよしひと》と名づけた。『明治天皇紀』によれば、嘉仁の名は中国古典（四書五経）の一つである『詩経』の「敬爾威儀無不柔嘉」からとられたという。この詩句は治者の戒めとするべき徳目をうたった「抑」と題する漢詩の一部で、「なんじの威儀をつつしみ、柔嘉ならざるなかれ」と読み下す。柔も嘉も善の意である（『新釈漢文大系』第一一二巻）。治者の心得として威儀を正せとでもいうべき趣旨の言葉である。明治天皇がこの子供に託した願いがうかがえよう。以下、皇太子となるまでの大正天皇のことを明宮と記す。

この日、例規により、皇族・大臣・参議ら高官列席による出生の祝宴が開かれたが、恒例の大臣祝辞は取りやめられた。いまだ明宮の状態が思わしくなかったためと考えられる。

たび重なる発病

明宮の発疹は九月初めに収まったが、その後も九月下旬、十月上旬と危険な状態に陥った。天皇・皇后・皇太后たちは大変心配し、浅田や中山らは徹夜で治療・看護に当たった。その結果、十一月末に至り症状はほぼ治まった。ただし、その後もたびたび発病することになる。中でも生後約一年にあたる十三年八月には、乳を吐いて息が苦しくなり、脳の一部が露出するという重態となった。これも浅田の懸命の治療で治癒したが、言葉の発達が遅いため、それに効くとされる漢方薬がその後も処方された（『浅田宗伯翁伝』巻之上）。その後浅田はたびたび柳原愛子に、この時の脳の病気は「極《きわめて》御難症」なので、「御成長に従ひ十分御注意不被為在候《あらせられずそうろう》ては、乍恐《おそれながら》如何様《いかよう》之義被為在候も難計《はかりがたく》候間、何分共御大事」（『かざしの桜』明治二十八年九月二日）、つまり、十分注意しないとのちに影響が出るおそれがあると注意を促していた。浅田の心配は結局的中することになる。

脳膜炎

なお、明宮の出生時の病気は、西洋医学では脳膜炎《のうまくえん》（髄膜《ずいまく》炎ともいう）にあたる。脳の髄膜に炎症が起きる病気で、死亡率が高く、治癒しても障害が残る可能性が高いとされる。大正天皇は、なお維新以前の伝統を引きずる日本社会や皇室の環境を背景に、虚弱な体質を背負わされるという不運な形で生れ出たのである。

唯一の男子直系

なお、明治天皇は、その後二男八女をもうけるが（いずれも生母は側室）、六人が早世した。『明治天皇紀』明治十六年十月の記事によればいずれも脳膜炎が死因とされている。成人したのは女子四人だけであった。常宮昌子《つねみやまさこ》（明治二十一年九月三十日生）、周宮房子《かねみやふさこ》（同二十三年一月二十八日生）、富美宮允子《ふみみやのぶこ》（同二十四年八月七日生）、泰宮聰子《やすみやとしこ》（同二十九年五月十一日生）で、いずれも皇族と結婚した。常宮は竹田宮恒久《たけだのみやつねひさ》王の、房子は北白川宮成久《きたしらかわのみやなるひさ》王の、富美宮は朝香宮鳩彦《あさかのみややすひこ》王の、泰宮は東久邇宮稔彦《ひがしくにのみやなるひこ》王（終戦直後の首相）の妃となった。結果的に、皇統の男子直系の血筋を守る役割は明宮一人に課せられることになっていく。

二　養育と教育

中山忠能邸での養育

明宮は、慣例に従い、まずは臣下の家に預けられた。当初は九月末から中山忠能邸に預けられる予定だったが、明宮の体調不良で十二月七日からとなった。中山邸は当時東京市麹町《こうじまち》区有楽町二丁目にあった。中山家では敷地内に新たに五四坪弱の明宮御殿を作り、明宮を迎えた。

医療に西洋医学を導入

明宮はその後も病弱ぶりが続き、参内しての天皇・皇后との面会の予定もしばしば延期、変更された。天皇や忠能一家の心痛はただならぬもので、中山慶子は小石川の一乗寺にあった鬼子母神《きしもじん》に毎月参拝して明宮の健康を祈願し、柳原愛子は実家の邸内にこの鬼子母神を勧進《かんじん》して祈願したという（『四十八年間の御盛徳』）。西洋医学に否定的だった天皇も、十六年九月に明宮の医療体制について、漢方に加え、適宜西洋医学も用いるよう中山に指示した。

転地保養

同年十月には、侍医一同が、天皇本人および皇子皇女の健康保持増進のため転地保養用の離宮を建設することを天皇に願い出た。その中で皇子皇女については、早世者が多いのは「先天的御生力の虚弱に原因す」（『明治天皇紀』第六）、つまり、先天的に生命力が弱いためとして、授乳法を改めるだけでなく、適宜転地保養させるべきだとした。天皇は皇子皇女についてはこの意見を受け入れて離宮の建設を許し、のちに明宮も避暑避寒や静養にしばしば出かけることになる。しかし、明治天皇自身については、庶民ができないことを自分がするわけにはいかないという理由で転地保養を拒否し（『明治天皇御一代記』）、これ以後、明治四十五年の死去まで、静養のために東京を離れることはなかった。

教育の開始

明宮が四歳を過ぎると、今後の教育方針が問題となってきた。十六年七月以後、参議兼文部卿福岡孝弟《たかちか》、太政大臣三条実美《さねとみ》、左大臣有栖川宮熾仁《ありすがわのみやたるひと》らが協議・建言した結果、天皇は十一月から勘解由小路資生《かでのこうじすけなり》を宮内省御用掛として、明宮に『幼学綱要』の講読と習字を始めさせた。明宮への教育が始められたのである。さらに十七年五月、天皇は近《この》衛《え》忠熙《ただひろ》に仮名手本を下付して明宮に習字を始めさせ、八月には修身《しゅうしん》や孝道《こうどう》に関する教科書を明宮に下賜し、明宮御用掛高辻修長《たかつじおさなが》に講じさせた。高辻は明治天皇の幼少時に侍《じ》講《こう》を勤め、その後も長く侍従《じじゅう》などとして明治天皇の側近に仕えてきた人物である。

『幼学綱要』

『幼学綱要』は、明治天皇が十二年に侍講元田永孚に小学校用の道徳の教科書として作成を命じたもので、十四年六月完成し、出版された。孝行・忠節など二〇の徳目について、和漢洋の事例をとりあげ、漢文調の文章で説く内容となっている。

政府と侍補の対立

元田ら侍補グループは、急激な欧化に危惧を抱き、明治天皇の指導力に期待する観点から、国家の教育政策や天皇の意志決定に大きな影響力を振るい始めた。侍補グループは、宮中府中の区別を明確化し、実質的権力を政府に収めて欧化を推進しようとする伊藤博文ら政府首脳との対立を深め、十二年十月に侍補は廃止されていた。しかし、明治天皇の信頼が厚い彼らは、別の形で宮中に残っていたのである（『天皇親政』）。

御相手

天皇は、さらに華族や政府高官の子供から七名を「御相手」、つまり遊び相手とし（その中には大正・昭和期に科学者、企業家として名を成す大河内正敏《おおこうちまさとし》もいた）、九月には、完成した青山御所赤坂仮皇居内の新御殿に帰らせようとしたが、相変わらず病弱で教育ははかどらないため帰殿は延期された。それでも十八年二月には元田に命じて時間割を作らせ、「御相手」たちとともに科目別の個人教授を受けることになった。

授業の内容

時間割は、午前中に読書、修身（『幼学綱要』ほか）、習字を三〇分ずつ、午後は二時間の運動と隔日で三〇分の唱歌というように、小学校の教科をふまえつつ、体調の保持増進を重視した形となった。授業は、午前中は勘解由小路・高辻・近衛が担当し、唱歌は女子師範卒の堤松子が担当した。天皇の教育への関心は深く、唱歌の歌詞の内容や、明宮の居住環境にまで具体的な指示を関係者に下した。ただし、実際にはこの時間割が厳格に守られたわけではなく、明宮はほとんど和服で過ごしていたので、運動もどの程度行われたか疑わしい（「今上天皇御幼時の御教育」「御幼少時代の陛下の御相手として」）。

新御殿に移る

十八年三月二十三日、明宮はようやく新御殿に移った。この日、中山や浅田ら関係者を招いて宮中で帰殿を祝う祝宴が開かれ、関係者には金員の下賜や叙位が行われ、中山邸内の明宮御殿は中山に下賜された。ただし明宮の病弱ぶりはあまり変わらなかった。

勘解由小路や高辻ら関係者の間では、今後の教育方針について検討が続いた。その結果、新しい時代の将来の天皇として、明宮に時代にあった教育を受けさせる必要がある

御教育掛湯本武比古

湯本武比古

という結論に達し、当時文部省で新たな国語教科書の編纂に携わっていた湯本武比古《たけひこ》に白羽の矢が立った（「今上天皇御幼時の御教育」）。

四月十二日、湯本は明宮御教育掛という形で、実質上は明宮の教育の全責任を負うことになった。湯本は、明宮が天皇になった直後、日記をもとに、拝命の経緯から教育の実態、明宮の人となりなどの回想を教育関係の雑誌に発表しており（同右）、しばしば引用されてきた。ここでも、この史料によってこの時期の明宮の様子を見ておこう。

午前中は読書、習字、算術を三〇分ずつ、午後は御殿内の庭園の散歩などというのが日課で、散歩はのちに兵式体操などの体育に代わった。二十年初めごろからは御付武官にフランス語も習った。フランス語は当時ヨーロッパ各国の王室で用いられていた言語である。フランス語以外はほぼ湯本がつきっきりで相手をした。

湯本の取り組み

湯本は、平民が次代の天皇の教育係になることは本邦初と考え、拝命を名誉として明宮教育にきわめて積極的に取り組んだ。明宮の動作を活発にするため、普段着を和服から洋服に替えさせ、散歩中の植物や動物に関する質問や、おとぎ話の読み聞かせまでこなした。

また、嫌気がさすと、習字の際には墨がついたままの筆を湯本に投げつけるなど、明宮には勝手な振る舞いが目立ったため、湯本は、教育博物館（国立科学博物館の前身）や日本初の幼稚園である女子師範学校付属幼稚園（現在のお茶の水女子大学付属幼稚園）などを参観させて教えをうける場合の態度を学ばせ、さらに側近と相談の上、湯本を先生と呼ばせる、湯本の指示があるまではみだりに教室を出ないなどの規則を制定したりした。

明治天皇の干渉

当初、明治天皇は、習字の清書を見たがったり、読書の進度を気にしたり、『幼学綱要』の進講を希望し、さらに柳原愛子を通じて教育上の指示を湯本にしようとした。これに対し湯本は、「不束《ふつつか》ながらも、かつて、心理学とか教育学とか、其《その》教育上に関する学問を致して、殿下の御年齢ではドノ位な学問をドウいふ様に申し上げるが可《よ》いかといふことをば、夙《つと》に聊《いささ》か学びました所から、縦令《たとい》陛下の叡旨《えいし》なりとも、これを枉《ま》げて従ひ奉《たてまつ》ることは、私の良心の許さぬ所」などと述べて、天皇の干渉を明確に拒絶した。これを契機に、天皇はその後湯本の在任中は口を出さなくなった。

明宮の教育は着実に進展し、二十年一月にはカタカナを使いこなせるようになり、一月十三日にカタカナで天皇に御機嫌伺いの手紙を書いて天皇を喜ばせたり、四月にはフランス語の簡単な会話を天皇に披露して褒美をもらったりした。六月にも皇后にはじめて文章の朗読を披露してやはり褒美をもらった。その他、見聞を広めるため陸海軍の施設や学校、著名な工場などにしばしば見学に行き、軍艦にも試乗した。

教育の成果

良好な試験の成績

湯本は七月にはじめて試験を行い、明治天皇の意向で徳大寺《とくだいじ》実則《さねつね》侍従長と西村茂樹《しげき》が立ち会った。成績は良好だったという。当然、天皇にも試験時の明宮の様子や成績が報告されたはずである。九月に入り、御殿教育の卒業試験も行われ、徳大寺と西村に加え、宮相から農商務相に転じた土方久元《ひじかたひさもと》にかわって新たに明宮御教養主任となった佐佐木高行も立ち会った。

当時、文部省の規定に基づき、上級の学校だけでなく一般の公立小学校でも毎月のように厳しい試験が行われ、その結果により飛び級や落第が珍しくないという状況で、特に重要な試験の場合は父兄や府県の担当官が立ち会うことが普通だった。明宮もそうした時代の雰囲気の中にいたのである。ただし、試験地獄が子供たちの心身に与える悪影響が心配された結果、明治二十三年の教育勅語発布を契機に、小学校での頻繁な試験や試験の公開はとりやめとなる（『試験と競争の学校史』）。

次代の天皇としての地位

なお、この明治二十年八月三十一日には、九歳に達したことを理由に、天皇により明宮は儲君《ちょくん》かつ皇后の実子と定められた。儲君とは未成年の皇太子であることを示す呼称であり、従来の慣行により、同時に皇后の実子とされた。これにより明宮が次代の天皇になることが確定した。これは明宮がなんとか成長していく見通しが立ったと考えられたことを意味する。この日、明治天皇はいつになく上機嫌で、祝宴の席で珍しく出席者たちを呼び寄せて自ら酌をし、宴席の参加者たちに歌や舞を所望したという。『明治天皇紀』第六には「君臣愉楽の状此《かく》の如《ごと》きは、未だ嘗《かつ》て見ざる所」と記されている。明治天皇がいかに明宮の健康を案じていたかがわかる。

御殿教育の終結

さて、湯本が二年半弱で御殿教育を終わらせたのは教育上の理由があった。「余が種々御稽古申し上げた実験に依れば、恐れ多い言葉であるが、多少御我儘といふ事がある」ので、「聖徳の御発揚に就いては、学校的訓練を受けさせ給ふ必要がある」、つまり、このままでは周囲が遠慮してわがままな性格の人間になってしまうとして、学校教育の経験を持つべきだと考えたのである。具体的には学習院への入学であった。

明宮のいたずら

湯本は回想の中で、明宮には、親を敬う態度を見せたり、老齢で足の弱い近衛忠熈を気遣うなど慈愛心があり、聡明で記憶力が良いことなど美点も挙げてはいる。しかし、ほぼ同じだけの紙数を割いて記しているのは明宮の湯本や年上の側近たちへのいたずらである。

明宮自身は乗馬が好きであったが、馬に乗れない湯本に乗馬をたびたび強要し、湯本は散々な目にあった。禿頭の老臣に捕虫網をかけ、「大きな蛍を捕った」とふざけたことがあった。側近たちの時計を取り上げては放り投げて壊していた。宮中で伊藤博文の勲章（勲一等）をとりあげて湯本の首にかけて宮中を連れまわし、伊藤と湯本を困らせた。さらに献上された地球儀の地名について、ロシア文字など、読める人のいない文字の箇所まで周囲の大人に何度も質問して困らせた。

わがままな性格

右の例から、明宮はわがままで社会性が乏しい子供だったといわざるを得ない。もっとも、子供がいたずらをすること自体はむしろ普通である。この場合、問題は、学友を代わりにしかることで間接的に明宮をいさめる方法がとられていたことにある。つまり、このわがままさ、社会性のなさは、明宮が将来の天皇という特殊な立場にあるため、周囲の大人が遠慮していたことが大きな要因であった。湯本は、このままでは明宮が天皇になった時に尊敬を得ることができなくなると危惧し、その対策として学校に通わせることにしたのである。

乗馬

なお、明宮の乗馬については、明治十八年四月二十六日付『読売新聞』の明宮の近況を伝える記事にも、「手綱の捌《さば》きより外々に至るまで自然に備らせたまひて勇しく見受けられ」などとあり、好んでいたことが裏づけられる。ちなみに、この記事は、同紙としては明宮の生活ぶりを具体的に報じる初の記事で、明宮が学問と乗馬で日常を過ごしており、関係者は文武両道が期待できるので頼もしく感じている旨が報じられている。虚偽は書かれていないが、実態も十分に書かれておらず、むしろ公表して差し支えない、あるいは世間から期待されるであろう東宮像が表現されているとみなすほかはない。

学習院に通学

二十年九月十九日、明宮は当時市内神田錦町《にしきちょう》にあった学習院に通い始めた。いうまでもなく、学習院は皇族や華族の子弟のための学校で、明治十年に開校し、十七年四月に宮内省所管の官立学校になっていた。入学したのは小学校にあたる予備科で、当時一般の小学校は四年制だったが、学習院は例外的に六年制だった（『学習院の百年』）。学習院では明宮クラス用に教室棟を新築し、華族の子弟一二名が学友となり、湯本がクラス担任となった。

ランドセルのはじまり

なお、この時代に、明宮が軍隊用の背嚢に学用品を入れて背負って通学し始めたことがランドセルのはじめと当時はいわれていた（「四十八年間の御盛徳」、『読売新聞』大正二年十月三十一日付「今上陛下とランドセル」）。

湯本の回想では、明宮は予備科第五学年に編入したとなっており、年齢的にも合っているが、その後卒業まで六年かかることになる。その理由は明らかではないが、次に見るように明らかに留年した年もあるが皆勤の年もあるので、何らかの理由で進級試験を受けなかったことがあるとか、一般の生徒とは別の内容で教育を受けていた、などの事情が原因であると考えるほかはない。

湯本の説教

明宮は他の生徒と同様、毎月の試験もきちんと受け、皇后も一度授業参観に訪れた。この年は明宮は大した病気もなく成績も上々で、天皇皇后は大変満足していた。ただし、明宮のわがままやいたずらが完全に直ったわけではなく、一度、湯本の判断で放課後居残らせて説教したことがあった。時の院長大鳥圭介《おおとりけいすけ》は、はじめは「エライ事を遣《や》つたナア」と驚いたが、「従来我が学習院規は生徒の背後にある其の父兄の勢力の為に、動《やや》もすれば蹂躙《じゆうりん》せられんとする。然《しか》るにこれには、畏《かしこ》くも儲君殿下すらも服従し給ふといふ、此《こ》の貴重なる、再び得難き好模範に依つて其の威厳を保ち、他の教官の励行及び一般生徒の服膺《ふくよう》を督責できるのである」、つまり、学習院という学校が、わがままになりやすい立場の生徒を多く抱える関係上、よい模範となったということで湯本をほめたという。

病がちとなり留年

ただし、明宮は二十一年に入ると病気がちとなり、四月末から百日咳にかかって三ヵ月も休んだため試験を受けられず、留年した。この際、明宮は重態に陥り、西洋医学によらなければ快癒しないと考えられたため、五月七日、御教養主任曾我《そが》祐準《すけのり》は、明宮の医療は今後西洋医学のみとすることを明治天皇に願い出た。従来の経緯から、天皇が許すかどうか危ぶまれたが、同月十四日、天皇は許可した。重態となればやむをえなかったのであろう。また、病後の保養のため、明宮は八月にはじめて箱根や熱海《あたみ》に静養に出かけた。これが健康の増進に効果があると認められたようで、以後、明宮は夏や冬を中心に、箱根・熱海・日光など、関東周辺の保養地にしばしば静養に出かけるようになる。

通学再開

明宮は、二十一年九月から学習院への通学を再開し（学校は虎ノ門に移転）、唱歌も学ぶことになった。教材は湯本が作詞し、「うさぎとかめ」などの作曲でも知られる唱歌教育の大家納所弁次郎が曲をつけたものを用いた。明宮は上手ではなかったが、歌うのは好きだったという。二十二年二月の憲法発布をはさんで教育は順調にはかどり、今度は進級に成功した。湯本はこれを機に、七月からかねて希望の欧米留学に出発、担任は学

丸尾錦作

習院教授丸尾錦作《きんさく》に引き継がれた（「東宮侍従丸尾錦作氏の自叙伝」一二）。丸尾はかなり厳しい態度で教育にあたったようで、仕返しとして、明宮から、丸尾が苦手な蛇の皮を使った杖を下賜されるという嫌がらせを受けている（「蛇皮の杖と丸尾錦作氏」）。

学業の状況

この時から二十三年六月までの学業状況について、三浦梧楼《ごろう》学習院長にあてた丸尾の報告書が国立国会図書館憲政資料室の「三浦梧楼関係文書」に残っている（「東宮殿下御修学ノ結果報告」）。修身、読書、作文、実物（現在の理科に相当）、習字、遊戯（内容は体育）はおおむね良好で、数学ははかばかしくなく、唱歌はまあまあというところであった。

そして明宮は二十二年十一月三日、立太子礼をへて皇太子となり、成年皇族の仲間入りをすることになる。湯本や明治天皇がめざしたように、次代の天皇としてふさわしい人格形成に多少とも成功したといえることになったか否か、次章で見ていこう。

新宮殿に皇居を移転

なお、これに先立ち、同年一月十一日、落成間もない旧江戸城内の新宮殿に皇居が移転し、赤坂仮皇居は赤坂離宮となった。この新宮殿（俗に明治宮殿と呼ばれる）の建設案は、政府の財政難のため二転三転し、明治十六年二月には、洋式の壮麗な建物の建築がめざされたこともあったが、同年七月、国民感情や財政事情に配慮した明治天皇の意向で、比較的安価な木造和式の「仮皇居」（『明治天皇紀』第六）として建設が開始された。総工費は、洋式案の半額以下の四〇〇万円弱であった。明治二十二年二月十五日、明宮は青山御所から仮皇居の建物に転居、この建物は明治天皇により花御殿と名づけられ、事実上の東宮御所となった。

第二　皇太子時代

一　皇太子となる

1　立太子礼と任官

皇室典範の制定

明治二十二年二月十一日、大日本帝国憲法の公布と同時に皇室典範《てんぱん》が制定され、その規定にもとづき、同年十一月三日に立太子礼が行われ、明宮は近代的な法制度における最初の皇太子となった。そこで、憲法と皇室典範の概要について確認しておこう（『憲法義解』）。

大日本帝国憲法

大日本帝国憲法は欽定《きんてい》憲法、つまり、君主が定めて国民に与える憲法として公布されたが、その際に付された天皇の上諭《じょうゆ》（前文に相当）で、翌年に帝国議会が開会された時から有効になると定められたので、明治二十三年十一月から施行されることになる。

前文に相当するものとして上諭の他に御告文や勅語《ちょくご》があり、いずれもこの憲法の意義づけについて、代々の天皇が伝えてきた統治のやり方を明文化したものに過ぎないとしており、日本の独自性を強調している。憲法の本文は全部で七十六条からなり、天皇の位置づけや権限については、「第一章　天皇」に含まれる十七か条に定められている。

天皇の地位

第一条「大日本帝国ハ万世一系ノ天皇之《これ》ヲ統治ス」、第二条「皇位ハ皇室典範ノ定ムル所ニ依リ皇男子孫之ヲ継承ス」、第四条「天皇ハ国ノ元首ニシテ統治権ヲ総攬《そうらん》シ此ノ憲法ノ条規ニ依リ之ヲ行フ」などとあり、天皇は、国家の最高権力者であり、建国以来続く天皇家の直系の男子でなければならないこと、憲法にもとづいて統治しなければならないことが定められていた。

天皇の権限

ついで、第五条から第十六条までは天皇の権限（大権）が列挙されている。立法権、官制や文武官の俸給の制定や任免権、軍隊の統率権（統帥《とうすい》権、編制権など）、外交、戒厳《かいげん》の宣告、栄典の授与、赦免などである。さらに第五章「司法」で司法権も天皇が持つこととされた。つまり、およそ国家のあり方や運営に関することはすべて天皇が最終的に判断しなければ効力を発しないことになっていた。これを「万機親裁《ばんきしんさい》」ともいった。

ただし、法律や予算の制定は帝国議会の協賛を必要としていた（第二章「臣民権利義務」、

第六章「会計」)。必要があれば閉会中に法律に代わるべき勅令（緊急勅令）を制定することはできるが、次の議会で否決されれば無効となることになっていた。天皇の恣意的な統治には一定の歯止めがかけられていたのであり、大日本帝国憲法における天皇は立憲君主の一種であることがわかる。第十七条は摂政の規定で、摂政は天皇の代理であることを定め、設置に関することは皇室典範で定めるとした。

天皇を輔弼する大臣

第四章「国務大臣及枢密顧問」では、大臣は天皇を輔弼《ほひつ》する責任を持ち、国務に関する法令（法律、勅令、詔勅）には大臣の副署が必要とされた。枢密《すうみつ》顧問は枢密院官制に基づき、天皇の諮詢《しじゅん》に答えることとされ、具体的には、枢密院官制により、緊急勅令《ちょくれい》、財政上の臨時措置、勅令や戒厳などの原案の審議を担当することとされた。第七章「補則」では、憲法の改正は天皇の発議に基づき帝国議会の協賛を経て行われることなどが定められていた。

天皇は、代々続いてきたことを根拠に最高権力者と規定された。大臣はそれぞれ天皇に直属しており、軍隊も議会も司法部も枢密顧問も同様であった。したがって、それぞれがそれぞれの分担する職務を行って支障がない場合、あるいは相互に相談して物事が処理できている場合は問題ないが、各部が対立し、それが解決できない場合は天皇が判断を下すほかはないという仕組みになっていた。具体的な経緯は別にして、論理的には、天皇以外に実質的に全権を持つ人間が出ることを防ぐためにこのような形に落ち着いたとみることができる。

各国の政情

そもそも、当時欧米の主要国で共和制をとる国はアメリカとフランスだけで、それ以外の国は立憲君主制をとっていた。しかもフランスの場合、一八七一年に共和制に戻ったものの、なお王党派の勢力は強く、政情は不安定だったので、明治前半期の日本で立憲君主制を目指す議論が大勢を占めていたのは当然であった。また、立憲君主制の場合も政党内閣制をとることが多かったが、日本の場合、西欧流の政党政治の伝統がなかったため君主権がやや強く、さらに欧米のキリスト教にかわる国民統合のための宗教として、天皇とかかわりが深い神道《しんとう》が注目されていたこともあって、やや神権主義的色彩が強い立憲君主制に落ち着いたのである（『君主制の研究』『日本近代史講義』）。

血統重視

ただし、次代の天皇となるべきただ一人の人物がいまだ幼少でしかも病弱であるという状況であったことを考えれば、首相が実質的に軍事を含む国政の全責任を負うという規定にするべきであった。万世一系という点を強調するということは、君主については血筋重視ということであり、能力は二の次にならざるを得ないからである。

もちろん、後で見るように、皇室典範には皇太子や天皇が重病の際に別の人物を立てられるような規定はあったものの、重病ではないが、十分な判断力を持っているとはいえない人物が天皇になる場合までは想定されていない。しかし、この時、そうした天皇が出現する可能性が生じていた。当然、非常時こそ首相が権限を発揮できるようにしておくべきであった。

首相の権限が弱い形になったのは、二代目の首相となった黒田清隆の資質に問題があったためであったことはよく知られているが、明宮《はるのみや》の状況を考えれば、明治国家の制度設計は長期的視野を欠いた、その場しのぎ的な色彩が強かったといわざるを得ない。

公布されない皇室典範

皇室典範は、もちろん公表され、公表と同時に施行されたとみなされるが、制定当時は『官報』には掲載されなかった。つまり、公布されなかったのである。その理由は、制定のみならず改正も帝国議会の議を経る必要がないことを明示するためであった。

皇位の継承

皇室典範の場合も、上諭で古来の家法を明文化したものと位置づけられた。全部で六十条あり、第一章「皇位継承」では、第一条「大日本国皇位ハ祖宗《そそう》ノ皇統ニシテ男系ノ男子之ヲ継承ス」と、憲法と同様、皇位は直系の男子が継ぐとされ、第二条「皇位ハ皇長子ニ伝フ」では長男が皇位を継ぐとされ、長男がいない場合の継承順位が第三条から

第八条までに定められた。第八条では兄弟の場合まず嫡子を先にすると定められており、後宮《こうきゅう》制度が容認されていたことがわかる。第九条では、皇位継承者に「身体ノ不治ノ重患アリ又ハ重大ノ事故アルトキハ」、天皇は皇族会議と枢密顧問の諮詢を経て継承順位を変更できるとされた。

即位

第二章「践祚《せんそ》即位《そくい》」では、天皇が死んだ場合はただちに皇太子が皇位を継ぐ（「践祚」）とされ、即位礼と大嘗祭《だいじょうさい》（天皇に即位後初めて天皇家の祖先とともに食事をするという趣旨の儀式）は京都で行われること、一世一元の制（在位中に改元しない）をとることが定められた。

成年

第三章「成年立后太子」は、天皇・皇太子・皇太孫は満十八歳（第十三条）、それ以外の皇族は満二十歳（第十四条）で成年となることを定め、皇后・皇太子・皇太孫を立てる場合は詔書《しょうしょ》で公布することとされた（第十六条）。儲君《ちょくん》についての規定はないので、天皇に長男が生れれば、彼は最初から皇太子と呼ばれることになった。

摂政

本書でのちに問題となる摂政《せっしょう》を扱う第五章では、まず第十九条で、天皇が未成年の時と、「久シキニ亘ルノ故障ニ由リ大政ヲ親ラスルコト能《あた》ハサルトキ」、つまり、天皇に長い間差しさわりがあって大権を行使できない場合は摂政を置くことができるとされ、「故障」の場合は、摂政を設置すべき状態であるか否かを皇室会議と枢密院の会議によって判断するとした。皇室会議については第五十五条・第五十六条にあり、男子成年皇族と内大臣、枢密院議長、宮内大臣、司法大臣、大審院長（現在の最高裁判所長官に相当）で構成され、天皇または皇族の誰かが議長となると定められていた。すなわち、摂政は、天皇に政務をとる能力がない場合に設置するのだから、設置について天皇自身の同意は不要とされていた。ついで、第二十条で摂政は成年に達した皇太子か皇太孫が任じられるとし、皇太子や皇太孫がいない場合の順位が第二十一条で定められた。

天皇の同意不要

その他、天皇は皇族を監督するとされ（第三十五条）、当然皇族の婚姻は天皇の許可が必要とされた（第四十条）。最後に第六十二条で皇室典範の改正は天皇が皇室会議と枢密顧問に諮詢した上で天皇が定めるとした。

皇族の監督

なお、皇室典範の細則にあたる法令は、枢密院の審議のみを経て公布、施行される勅令で、他の法令と区別して皇室令と呼ばれ、法令集では皇室典範とともに巻頭に掲載された。

皇室令

さて、明宮は、すでに事実上の皇太子である儲君となっており、この時点で皇室典範にある皇太子の資格を有する唯一の皇族だった。そこで、明宮を皇太子と定めることが早急に必要となった。実際には天皇誕生日である十一月三日に立太子礼が行われた。

立太子

この日、皇居内では、天皇誕生日を祝う儀式とともに、朝から徳大寺実則侍従長《とくだいじさねつねじじゅうちょう》による壺切《つぼきり》の剣の天皇から明宮への伝授、天皇皇后と明宮の対面、明宮養育関係者への褒賞などさまざまな儀式が行われた。もちろん新聞は立太子礼をトップで扱い、喜ばしいこととして報じた。ふだん日記には感情を記さない徳大寺も、珍しくこの日の日記には「千秋万歳、歓無極《きわまりなし》、上下歓呼」と喜びを記している。以後、本書では、天皇践祚までの大正天皇のことを嘉仁《よしひと》皇太子、あるいは嘉仁または単に皇太子と表記する。

なお、新聞では立太子礼という儀式は他国には例がない日本独自のものである旨の報道がなされ、この儀式が日本の皇室の独自性を内外に示す意味があったことをうかがわせる。

東宮職を設置

この日、明宮御用掛は廃止となり、かわって東宮職《とうぐうしき》が設置され、責任者たる初代東宮大夫には明宮御教養主任曾我祐準《そがすけのり》が横滑りし、侍従長に中山孝麿《たかまろ》（中山忠能《ただやす》の孫）が任命された。東宮大夫は二十四年六月に廃止され、かわって東宮主事が設置されて高辻修長《おさなが》が任じられた。

兵役に就く

また、同日付で嘉仁皇太子は陸軍歩兵少尉《しょうい》に任官し、近衛《このえ》歩兵第一連隊付となった。明治六年十二月九日の太政官達《だいじょうかんたつし》で男子皇族は軍人となると定められていたためである。

（「ノーブレス・オブリージュ」）としてである（『華族』）。国民に兵役を課す以上、皇族は国民に模範を示すべき立場として率先して兵役に就くべきとされたのである。

肖像画

なお、立太子礼当日の主要新聞は付録として嘉仁皇太子の肖像画を発行した。

立太子のころ（宮内庁提供）
この写真をもとに肖像画が作成された.

このうち『朝日新聞』のものを見ることができるが、写真をもとに作られた、かなり精度の高いものであったことがわかる。さらに、当時、天皇単独、あるいは天皇・皇后の肖像や、天皇皇后に貴顕の肖像をあしらった石版画が多く作られ、皇室関係だけで明治期に二五〇点ほどあったとされるが、立太子礼以後、天皇・皇后に皇太子をあしらった図柄が定着していった。ただし皇太子の画像は必ずしも精度が高くない場合が多い（『王家の肖像』）。いずれにしろ、立太子をきっかけに、嘉仁の存在は広く認知されていったのである。

成年式はとりやめ

皇室典範の規定によれば、嘉仁皇太子の成年式は明治三十年の誕生日以降に行われるはずで、少なくとも約一ヵ月前にあたる三十年七月下旬には準備が始まっていたことが徳大寺侍従長の日記でわかるが、嘉仁の病気のためとりやめとなった。

2　輔導の設置

軍事色の強まる養育体制

立太子後、嘉仁の養育体制は急速に軍事色が強くなる。二十二年十二月二十六日に東宮武官が、二十四年六月十二日には東宮武官長が設置され、武官長には陸軍少将奥保鞏《おくやすかた》が近衛歩兵第一旅団長から転じたが、その任務は「皇太子奨匡《しょうきょう》輔弼」（『明治天皇紀』第七）、つまり、事実上皇太子教育の総責任者というものであった。奥は二十五年一月四日、東宮主事廃止に伴って復活した東宮太夫も兼任し、名実ともに皇太子の第一の側近となった。しかも、あとでふれる侍従日野資秀《すけひで》の意見書によれば、身の回りの世話係からも女官は排除され、武官がつとめるようになったという。

明治天皇の期待

武官長の設置や任務の設定は天皇の沙汰の形で行われていることから、こうした一連の措置が天皇の意向に基づくものであることは間違いない。明治天皇は将来の天皇たる一人息子を、質実剛健で強い精神力を持つ人物に育てたかったのである。ただし、明治天皇の期待通りの成果はあがらず、むしろ嘉仁皇太子は体調を大きく崩すことになる。

軍事教育の遅れ

まず、軍事教育についてであるが、十分な成果をあげたとはいえない。二十四年十一月には、奥武官長が軍事教育の遅れを理由に中尉への進級延期を天皇に申し出て、認められた。進級は翌二十五年十一月三日のことになる。その後は規定年限に沿って進級し、明治四十二年十一月三日に陸軍中将・海軍中将まで昇進して践祚となるが、地位に見合う軍事的見識を備えるに至らなかったことは後で見る通りである。

学習院を退学

二十六年七月、嘉仁皇太子は学習院初等科を卒業、中等科に進学したが、二十七年四月、留学から帰国した後再び皇太子の教育にあたっていた湯本武比古《たけひこ》が「才気に過ぎたり」（『明治天皇紀』第八）として学習院教授を罷免され、皇太子教育から離れた。そして、黒川通軌《みちのり》東宮武官長（二十六年十一月就任）の意見に基づき、第一学年が終わった二十七年八月に学習院を退学した。

その理由だが、あとでふれる侍従日野資秀の武官長批判の意見書や、六月に土方久元《ひじかたひさもと》宮相に対し有力華族が出した皇太子の学習院退学を求める意見書（『秘書類纂帝室制度資料』上）を手がかりにすると、体が弱く、勉強の進度が遅れがちの皇太子をこのまま通学させると劣等感が強まり、将来の君主にふさわしい気質をはぐくむことができなくなると考えられたためと判断できる。

天皇父子の食事

同じ頃、朝鮮半島の覇権をめぐって日本と清朝の対立が深まった結果、八月二日に日清戦争が勃発した。天皇は九月から広島の大本営で陣頭指揮を執っていたが、そこへ十一月に嘉仁皇太子が訪問した。その際、十一月十八日に父子は昼食をともにしたが、『明治天皇紀』第八には、「御父子御会食は蓋《けだ》し稀《まれ》にして、側近奉仕の者或《あるい》は御父子の情に於て欠けさせたまふにあらずやとの疑を懐くことあり、是の日其の御親愛の状を拝し、皆歓喜して之を皇后に啓《けい》す」とある。つまり、二人が食事をともにすることは極めて珍しく、親子の情がないのかと側近は疑っていたが、そうでないことがこの会食でわかり、うれしくて東京の皇后に知らせたというのである。

天皇の心配

これまで見てきたような明治天皇の嘉仁の体調への心配ぶり、教育への介入ぶりに加え、天皇が年に何回か嘉仁の側近に日誌を提出させ、健康状態や生活ぶり、勉学の状況をチェックしていたことから考えても、明治天皇の一人息子に対する心配ぶりがただならぬものであったことは明らかで、現代風にいえば教育パパと呼んでも差し支えないくらいである。

しかし、対する嘉仁には、こうした父の心配ぶりがかえって負担になっていったことが察せられる。嘉仁は東京にいる場合は週一回天皇に拝謁することになっていたが、侍従日野西資博《すけひろ》の回想によれば、実際には参内してもなかなか天皇に対面しようとせず、対面しても話がはずむことはなかった（『「明治天皇紀」談話記録集成』第一巻）。もっとも、過干渉気味の親を子が疎ましく思うことは、特に思春期においては不思議ではない。

父子疎遠

結核

さて、御所にこもりきりになり、軍人ばかりに囲まれて暮らすようになった嘉仁皇太子は次第に精神的肉体的に不安定になっていった。二十八年五月には風邪、腸チフスに続いて軽い肺結核にかかり、一時は重態となって十一月まで病床に臥すこととなった。天皇も病状を大変心配していた（『かざしの桜』二十八年九月三日）。

柳原愛子が後年の回想で、明治天皇は皇太子の体調を内心は何時も気にしていたが表には出さないのに、皇太子の重病が快方に向かった際に、柳原に対し「これでわしもやつと安心した」と述べて涙を流したと述べているのはこのときのことであろう（『「明治天皇紀」談話記録集成』第三巻）。このとき、東京帝国大学医科大学（東大医学部の前身）の外国人教師であったベルツが初めて皇太子の治療に参加している。その後快方に向かったが、二十九年一月下旬の段階でも結核がまだ完治していなかったことがベルツと侍医連名の診断書でわかる（『かざしの桜』）。

療養中の二十八年十月中旬には、佐佐木高行が黒川武官長から、嘉仁皇太子が柳原愛子や老女官の堀川武子につらくあたることが多くなって苦慮しているという話を聞いている（同右）。柳原は実母だが、嘉仁はこのころまでは乳母《めのと》と思っており、あまりにつらくあたるので黒川が実母であることを打ち明けたものの、嘉仁はなかなか信じようとしなかったのである。

養育体制の動揺

病気が長引いた原因が、世話係が武官に限られ、十分な看護ができなかったことにあると考えた侍従日野資秀は、十月に入り、黒川に対し、当時の補佐体制を批判し、侍従優位の補佐体制を提案する意見書を出した。しかし、これが黒川の怒りを買い、免官処分を受けた（同右）。きわめて異例の事態であり、嘉仁の養育体制の動揺は頂点に達した。

日野資秀

免官となった日野は当時二度目の首相を務めていた伊藤博文《ひろぶみ》に意見書（「東宮職々制改正之意見」）を持ち込んで窮状を訴えた（『秘書類纂帝室制度資料』上、同書でこの史料の年代が明治三十八年十月となっているのは誤り）。ちなみに日野も中山侍従長と同じく中山忠能の孫であった。

武官排除を申し入れ

その中で日野は、武官はどうしても「号令式」で物事を進めるため生活が窮屈になるし、年少者の教育について心得がないため、多数の大人と接してきたことで同年齢の普通の子供より「世態人事ノ御観察力非常ニ鋭ク」「元来神経御敏捷《びんしょう》」である皇太子の実情に即した教育ができず、子ども扱いしたままであると指摘した。そして、こうした事態について中山侍従長は改善しようとしたが、黒川武官長が拒否したため両者の対立が生じているとして、教育や身の回りの世話から原則として武官を排除し、教育係として東宮侍補を設置すること、責任者も東宮武官長ではなく東宮大夫または東宮職長官（新設）とするよう求めている。

さらに、伊藤に意見書を持ち込んだ際に追加したと推定できる文書（「現武官長の御教育方針一班」）では、言い間違えるとみっともないとして、武官たちが皇太子に外国人に対しフランス語の使用を禁じたことをあげ、日野はこうした教育は皇太子を傲慢にし、ひいては皇室の尊厳を汚すとまで書いている。

山県有朋の影響力

日野の提言は結果的にはかなりの程度実現していくが、それには二年三ヵ月以上という時間がかかった。その原因としては、陸軍出身の元老で官界にも大きな影響力を持つ山県有朋《やまがたありとも》の影響力が宮中でも次第に強くなっており、伊藤の影響力が弱まりつつあったことが考えられる（「山県系官僚閥と天皇・元老・宮中」）。

侍講設置

それでも日野の提言は少しずつ実現していった。まず、二十九年六月十六日に侍講《じこう》が設置され、国学者本居豊穎《もとおりとよかい》、漢学者三島毅《き》が任命された。本居は天保《てんぽう》五年（一八三四）生まれで、国学の創始者本居宣長《のりなが》の曾孫にあたり、若い頃の明治天皇に進講したり侍読《じどく》を務めたこともあった。三島は天保元年（一八三〇）生まれ、裁判官や東京帝国大学教授をつとめる一方、明治十七年に東京に漢学塾二松学舎を創始し、漢詩人でもあった。二人ともこの時点ですでに六十歳を越えた碩学《せきがく》で、三島はすでに三月に東大を辞職して東宮御用掛となっていた。

本居豊穎の日本史講義

進講はすべて午前中に行われ、本居や三島は四五分授業を週二〜三回行い、その他、別の人物による習字やフランス語、軍事学などの授業が設けられていた。授業は病気や旅行時を除き、静養の際も行われ、天皇践祚後も時間数は減ったものの続けられた。

このうち本居の講義記録（「皇太子殿下進講摘要」）によると、その講義内容は主に天皇を中心とした日本史で、和歌の解釈なども含まれている。本居は歴史の話を手がかりに折にふれて将来の天皇としての心構えを説いており、本居の授業内容が日野の提案をふまえたものだったことが察せられる。本居はしばしば復習を兼ねたテストを行っており、特に初期の成績はあまり芳しくないことがわかるが、日本史の学習を繰り返すうちに嘉仁は次第に歴史が好きになったようで、のちに行われる学習を名目とした全国各地への旅行の際も、史跡に立ち寄った際はしばしば歴史にちなんだ漢詩を読むことになる。三島は備中（岡山県）の碩学として知られた山田方谷《ほうこく》に学んだ陽明学者で、皇太子向けの講義でも陽明学を主に講じた（『最後の儒者』）。

フランス語の上達

また、フランス語については、明治三十二年二月に学友の一人だった岩倉道倶《みちとも》に近況を伝えるフランス語の手紙が死後岩倉によって公表されており（『実業之日本』昭和二年一月十五日号）、基本的な読み書きができる程度に上達していたことがわかる。

東宮職改革

さて、東宮職改革のその後に話を戻すと、明治三十年十月十九日に東宮武官制が改正されて任務から「皇太子奨匡輔弼」が除かれ、翌二十日、長らく武官長が兼任していた東宮大夫を華族《かぞく》女学校長細川潤次郎が兼任し、二十九年七月以来辞意を漏らしていた黒川武官長（『かざしの桜』二十九年七月二日など）が病気を理由に辞意を固めたため、黒田久孝陸軍中将に代わった。翌月には侍従長も中山からかつて嘉仁の教育を担当したこともある高辻修長に代わった。

伊藤博文の意見書

そして三十一年一月十二日、第三次内閣を組織した伊藤博文は、二月九日に提出した皇室に関する十か条の意見書の中に特に「東宮之事」という箇条を設け、今後の養育・教育について、天皇に次のように進言した（『伊藤博文伝』下）。

まず、皇太子は成年に達したが、体が弱い上に重い病気になり、一時は危険だったが、ようやく良くなって喜ばしい。大病のため学業が遅れるのは仕方ないが、そのまま放っておくわけにもいかない。「今日ノ急務」は、「衛生上御健全ヲ図リ」、かつ「政治又ハ陸海軍事ニ御熟通アラセラル」ことなので、「勲臣」、つまり元勲の中から嘉仁の養育監督者を一人、天皇が任命すべきである。また、すでに天皇が検討している、皇族や元勲から何人かを選んで「伺候」を置くという案は「内外ノ御交際上兼テ時情ニ御熟通アラセラル」ために大変良いし、さらに内外の軍事事情を勉強してもらうために、こうした事情に詳しい優秀な将校も東宮職に兼務させて皇太子に話を聞かせることが必要である。

伊藤は、健康の維持増進を最優先としながらも、政治や軍事、外国との交際についてしっかりした見識を皇太子に持ってもらうため、適当な人物を監督役や側近とすることを提案している。伊藤は、坂本一登氏が明らかにしたように、宮中府中の別を立て、事実上政府が実権を持ち、天皇が政府の行為に権威を与える委任型君主制度の確立をめざしていた。皇太子についても、三十三年五月にベルツに向かい、「皇太子に生れるのは、全く不運なことだ。生れるが早いか、到るところで礼式《エチケット》の鎖にし

伊藤博文

伊藤の求める君主像

大山巌

有栖川宮威仁親王

ばられ、大きくなれば、側近者の吹く笛に踊らされねばならない」と「大胆な放言」をして驚かせていた（『ベルツの日記』上）。

これらの事情を考えると、伊藤は、自分で何でも判断できる君主を育てるというより、「万機親裁」の建前をとる以上、天皇はきちんと物事の理非をわきまえた上で発言や行動をしていることが望ましいのであり、見当違いの発言ばかりして天皇の権威を失墜することのないようにすべきだと考えていたと判断できる。さらにこの意見書の文面からは、明治天皇がおおよそ同じことを考えていたこともわかる。

こうした天皇の意向や伊藤の進言はさっそく実行に移された。二月十八日、元勲の一人大山巌《いわお》が東宮職の監督に任じられ、東宮大夫が細川から中山孝麿《たかまろ》に代わった。大山はまもなく軍事事情の教育係として陸海両軍から二名ずつの将校を東宮御用掛に任命する（「徳大寺実則日記」二月二十八日）。ついで二月二十日、徳大寺は天皇の命により葉山に滞在中の有栖川威仁《ありすがわたけひと》親王を訪ね、花御殿伺候への就任を求めた。天皇の構想していた伺候に予定された皇族とは威仁親王のことだったのである。

威仁親王は文久《ぶんきゅう》二年（一八六二）生まれ。父は、戊辰戦争、西南戦争の大総督、日清戦争時の参謀総長（大本営幕僚長）など兼職を歴任し、明治天皇の信任厚かった熾仁《たるひと》親王である。威仁親王は海軍に進み、若き日に英国に留学し、日清戦争後に常備艦隊司令長官にまで進んだ後、英国へ大使として派遣されるなど、国際的視野を持った軍人だった。しかも、比較的若い世代の男子皇族では唯一品行が良いとされ、将来を嘱望されていた（『かざしの桜』三十年十月一日）。要するに、威仁親王は人望があったために天皇から伺候就任を望まれたのである。

東宮賓友として養育にあたる

威仁親王は徳大寺に対して即答せず、伺候では臣下と同格であるとして別扱いを求めた。その結果、海軍には軍令部出仕兼海軍将官会議議員として籍を残したまま、三月二十二日に東宮賓友《ひんゆう》という資格を与えられて皇太子の養育にあたることとなった。同時に伊藤首相、松方正義《まつかたまさよし》前首相、土方久元前宮相も東宮伺候を命じられたが、彼らは事実上は顧問格に過ぎず、皇太子の養育について最も重要な役割を与えられたのは威仁親王であった。すなわち、皇太子について「御衛生上ヲ御考慮ノ上諸事御商量可相成事」（「徳大寺実則日記」同日）、つまり、健康上のことを最優先するという前提の

有栖川威仁親王

もとで大幅な裁量権を与えられたのである。

養育方法

具体的には、花御殿に週二回、皇太子の静養・旅行中は週一〜二回は皇太子に面接し、皇太子から相談を直接受けるほか、皇太子に対し意見することも、天皇に事前に相談した上であれば許されるとされた。こうした措置には理由があった。すなわち、天皇は三月四日、侍従職幹事岩倉具定《ともさだ》を通じて皇太子を次のように叱責した（同右）。なお、史料引用中の敬語は岩倉から皇太子に向けてのものである。

皇太子の軽率な発言

東宮職の職員は宮相の監督下にあり、奏任官の進退は天皇に報告した上で決めることになっている。しかし皇太子は側近たちの「不才不能ヲ評論」し、「悉皆更迭《しつかいこうてつ》之御意見」、つまり全員交代させるべきであるという意見を周囲の者に述べており、これは大変良くない。もし皇太子の意向が本人たちに洩れればやる気を失ってしまうからである。軽率な発言をしてはいけない。もし側近たちに対し不満があるならば東宮大夫や宮相に内々に相談すればよい。

天皇の戒め

天皇は、皇太子の軽率な言動を戒めているのである。こうした天皇の不満はこれに始まったことではなかった。二十九年七月、赤坂離宮内で陸軍軍人が乗馬を天皇に披露した際、一緒に見ることを許された皇太子が「誰は下手とか御批評被為在候《あらせられそうろう》」、つまり下手な人物の名を口にするなど軽率な言動があり、天皇が不快感を抱いたことがあった（『かざしの桜』七月二十一日）。

忠誠を誓うべき相手に対し誠意を尽しているのに、その相手から他人に悪評を言われてはやる気を失うのは当然で、これを良くないとする明治天皇の考え方は道理にかなっている。明治天皇はこうしたことが続いて皇太子が人望を失うことを防ぐため、人格者たる威仁親王に皇太子を導く役割を任せたのである。

威仁の不安定な立場

ただし、別に大山が監督を命じられたり、威仁親王に皇太子に意見する前に天皇に相談せよと指示されていることからわかるように、威仁親王が全権を委任されているわけではなかった。明治天皇は新体制がうまくいくか、若い威仁親王にすべてを任せて大丈夫かどうか、確信が持てなかったのである。しかしこれでは威仁親王としてもやりにくいはずであり、事実、威仁はまもなく明治天皇に全権委任を求めることになる。

威仁への全権委任を協議

三十二年四月二十三日、威仁親王は麻布の自宅（現在の有栖川宮公園の場所）に伺候や侍講を招き、皇太子の養育・教育方針について協議した。この席で伊藤が皇太子については威仁親王に一任すべきという意見を出し、出席者全員が同意したため、伊藤は天皇にその旨を提案した（『威仁親王行実』下）。この動きは一件伊藤の発案に見えるが、会議は威仁が召集したことが明らかであり、威仁親王はこの直前、葉山で静養中の皇太子と十分に話し合っており（同右）、皇太子の養育をうまくやるには誰か一人が全権を委任されなければならず、もし委任されるなら自分がやってもよいと考えた上での会議召集だったと考えられる。天皇は、徳大寺を介して、皇太子には威仁親王に何でも相談するよう言い聞かせ、威仁親王には相談があるたびごとに天皇に相談するようにしたいとして意向を尋ねた。

天皇との交渉

これに対し威仁親王は、「陛下ニ於テモ傅者〔皇太子の補佐役〕ノ言フ事ヲ御信用相成、皇太子ニ対シテハ、傅者ノ命ニ服従スベシト、御沙汰有之候程ノ事ニ不相成而ハ、将来ノ御為メ不可然《しかるべからず》」（同右）とし、かつ、複数により指導体制が実効を挙げなかったことを理由に全権委任を天皇に求めた。思い切った指導ができないからであろう。

威仁の東宮輔導着任

天皇はなお、伺候、監督の廃止の代わりに東宮職に評議員の設置を威仁親王に持ちかけたが親王は拒否、結局五月八日、天皇は伺候、賓友、監督を廃止し、威仁親王を東宮輔導に任じて皇太子養育の全権を委任した。威仁親王の強腰の背景には、このころ伊藤が威仁親王に「今日の儘にてハ、恐れながら陛下万歳の後、天位を継がせられ候場合に当り、皇家の大権を御保持遊ばされ候事甚だ至難に見受け奉《たてまつ》り候故、愚衷上奏に及び候次第、殿下も然るべく御尽力あらせらるべく」（「昭和二年三月七日進講案」）という手紙を出していたことからわかるように、嘉仁皇太子がこのままの状態で天皇になっては、内外からの天皇への信頼が揺らぎ、天皇主権という国家の根本原則が保てなくなるという伊藤の強い危機感からの後押しがあった。

ここに、立太子礼以後続いてきた嘉仁皇太子の指導体制をめぐる動揺は一応終息し、威仁親王が皇太子の指導に全力を注ぐことになった。

威仁の輔導方針

ただし、皇太子の教育には苦労が伴ったようで、明治三十四年七月十九日、威仁親王が天皇に提出した輔導方針には、海軍に専念するか輔導に専念するかのどちらかにしてもらいたいとした上で、「殿下幼冲ノ時不幸ニシテ御健康ノ程度完全ノ御修学ヲ許サザルモノアリ、目下ハ健康較《やや》被為復モ御本病ノ根治ナリトハ云フベカラザルヲ以テ、御衛生ヲ第一トシ御学問ハ之ト相伴ヒ寛厳ソノ度ヲ得ルニ非ザレバ目的ヲ達スルコト能《あた》ハズ」と、幼時から病弱で勉強がはかどらず、現在健康はかなり良くなっているが、結核は根治していないため、健康第一で教育は二の次とせざるを得ないとし、そのため、「殿下ノ御志操未ダ定マラズ」、つまり、人間的な成長が不十分であるとして、さらに指導を徹底するためには有能な人物を補佐役として東宮大夫に任命してほしいと求めている（『威仁親王行実』下）。

明治天皇は最終的に威仁親王の進言を受け入れ、十一月二十九日、威仁親王を終身現役に列し、海軍の職を解いて輔導に専念させるとともに、威仁親王の希望で東宮大夫に東宮書記官斉藤桃太郎を任命した。

3 詩歌と建築

ここで、皇太子時代の大正天皇の文化面における事蹟を見ておこう。

詩歌の創作

嘉仁皇太子（大正天皇）は、遅くとも本居と三島の進講を受け始めた明治二十九年から和歌や漢詩の創作を始めたと考えられている。当然主な指導者は和歌については本居、漢詩については三島であったとみなせる。近代の天皇は手紙や日記をわずかしか残さず、発言についても断片的にしか伝えられないことが多いので、詩歌は天皇の心境を知る上で重要な手がかりとなることが多く、大正天皇の場合も例外ではない。たとえば、最初

漢詩「至尊」

期の漢詩の一つとされる作品の中に、父明治天皇を詠んだ「至尊」という作品がある（以下、特に断らない限り、漢詩は『大正天皇御製詩集謹解』、和歌は『大正天皇御集　おほみやびうた』より引用）。

至尊九重内。夙起見朝廷。日曜無休息。
佇立負金屏。万機聴奏上。仁慈憫生霊。
余暇賦国雅。諷詠不曾停。日晩始入御。
聖体自安定。

（天皇は皇居内で早く起きて朝廷に出る。日曜も休まない。一人屏風を背にして立ち、すべて奏上を聴き、慈悲深く人民を憐れんでいる。余暇は和歌を作り、それをやめたことはない。夜遅くになってようやく奥にお入りになる。しかし天皇の体は健康である。）

天皇への畏敬

このかしこまった作風からは、先ほど述べたような、嘉仁皇太子の父への親しみというより畏敬の念がうかがわれる。なお、明治天皇の日常生活については米窪明美『明治天皇の一日』が要領よくまとめており、本書でも同書を参考にしている。

以後、必要に応じて詩歌を引用する前提として、主に田所泉・古田島洋介両氏らの研究によって、嘉仁皇太子（大正天皇）の詩歌についての概要を記しておきたい。

評価の留意点

なお、大正天皇の歌人、詩人としての評価についてだが、敗戦までに書かれた批評においては天皇の詩歌を賛美する以外の選択肢はないので、それらはここではとりあげない。また、大正天皇の詩歌には、三島や本居、あるいは側近（漢詩の場合は落合為誠《ためのぶ》）による推敲が入っている場合が多いが、今のところ、末期の和歌を除き、代作の可能性はないと考えられているので、その点は特に問題にしないことにする。

歌会始

『大正天皇御集』

正月行事に歌会始があることからもわかるように、作歌は天皇には必須の作業である。嘉仁皇太子は歌会始には三十二年から参加し始め、天皇践祚を経て、息子の裕仁《ひろひと》皇太子を摂政に立てることになる大正十年（一九二一）の歌会始《うたかいはじめ》まで和歌を寄せている。そしてこの大正十年の歌会始に寄せた和歌が、現在公表されている最後の作品となっている。歌会始に寄せられた作品は原則として公表されるので、大正天皇の和歌は明治三十二年以後、少なくとも二〇首程度は生前に公表されていたことになる。その間少なくとも四六五首を詠み、これらは死後昭和二十年に宮内省でまとめられた『大正天皇御集』に収められた。明治天皇が九万三〇三二首を詠んだとされて、一六八七首が公表されていること、昭和天皇が約一万首詠んだとされて、八六五首が公表されていることにくらべると明らかに数は少ない。これは大正天皇が漢詩の方を好んだためと考えられている。

歌　風

歌風については、「歌に現れた心の鋭敏さの点では三代〔明治・大正・昭和〕の天皇のうちで大正天皇が一番するどい感じがする」（『おほみやびうた』）という評が今のところ一番的確であろう。

漢詩

漢詩を好む

漢詩については、江戸時代までは僧侶や武士を中心に広く好まれたが、天皇や皇族で好んだ人は少なく、明治天皇・昭和天皇は一首も残していない。明治に入っても詩作は盛んで、新聞にも漢詩欄があったが、西洋風の学校教育が始まり、漢学塾が衰退し始めるとともに下り坂となり、大正中期には主な新聞から漢詩欄が消え、衰退していく（『漢文の素養』）。

大正天皇は、三島に教えを受けるなど、古い形の教育も受けてはいたが、西洋風の教育も受け始めていたから、教育の受け方としては過渡期にあたり、同じ世代の高等教育を受けた人々の大半が漢詩を詠めるというような世代ではない。したがって、大正天皇が漢詩作りを好んだことについては、三島に出会ったことが大きな要因となっていると考えられる。

『大正天皇御製詩集謹解』

大正天皇の漢詩が始めて公表されるのは、明治三十三年の結婚の際で、大正六年までの作品が確認されている。和歌より早く作品が見られなくなるのは、和歌にくらべて漢詩の方が規則が複雑で作りにくいためと考えられている。

大正天皇の漢詩の数については、『大正天皇御製詩集謹解』の総説で、『大正天皇御集』の漢詩部分の編者でもある解説者木下彪が、一三六七首あるとしているのが唯一の手がかりである。古田島洋介氏は、『大正天皇御集』収載の二五一首と、同書に未収載で存在が確認できる三八首には重複しているとみなせる作品があることから、実際には木下説より減る可能性が高いとし、公表されている漢詩は二七九首あるとしている。

作風

漢詩の作風については、平易であるというのが定説である。作品の評価についてはやはり古田島洋介氏の見解が参考になる。師の三島の作風は平易さが特徴であり、指導方法も平易な漢詩をたくさん作ることで漢詩作りに慣れさせるというものだった。また、木下の説によれば、漢詩の中で最も作りやすい七言絶句が一三六七首中一一二九首を数えるという。さらに、古田島氏は、確実に文学的価値のある作品は大正三年作の「西瓜」のみとしているので、大正天皇は素人詩人の部類に入ると見てよかろう。ただし、大正天皇の心境を知る上では重要な手がかりとなることは先に述べた通りである。

二つの詩碑

なお、嘉仁皇太子の漢詩の詩碑が二つ作られている（『大正天皇御製詩の基礎的研究』）。一つは富山県富山市の呉羽山の山頂に昭和二十六年に富山県知事などを発起人として建てられ、平成十四年に建て直されたもので、明治四十二年にこの地を訪れた際に詠んだ「登呉羽山」が刻まれている。もう一つは静養にしばしば訪れていた沼津市にある大中寺境内に昭和五十年に同寺の住職によって建てられたもので、明治三十八年に嘉仁皇太子がこの寺を訪れた際に詠んだ「大中寺観梅」が刻まれている。

東宮御所新築計画

また、明治二十年代後半以後、東宮御所や、嘉仁皇太子の静養のための御用邸の新築が相次いだ。東宮御所は、赤坂の旧仮皇居が使われてきたが、一部増築されてはいたものの、基本的には紀州藩中屋敷を転用したものであった。そこで、明治二十五年度予算に東宮御所建築費二五〇万円が計上され、新築工事が始められようとした。ところが明治天皇は、同年二月十九日に山県有朋首相と松方正義蔵相に対し、東宮御所建築は急ぐ必要がないので予算は内閣に返したいと述べた。そこで、とりあえずこの年度ではこの予算を使わず、貯蓄して利子を内閣機密費として使うことになった。当時は初期議会の時代で、民党が主導権を握り、民力休養を唱えて減税のための予算削減を強く求める帝国議会と、富国強兵を進めようとする藩閥政府が激しい対立を繰り返していたことがこうした措置の背景にあった。

造営委員会設置

しかし、政府は東宮御所の新築をあきらめず、明治二十六年二月に宮内次官を長とする東宮御所御造営委員会を設置して調査を進め、三十一年八月十日にやはり二五〇万円の予算で新築と決定、同月十七日、宮内省に東宮御所御造営局を設置した。局長は枢密顧問官杉孫七郎、技監（主任技師に相当）には内匠寮《たくみりょう》技師片山東熊《とうくま》が任命された。

片山東熊

片山は嘉永《かえい》六年（一八五四）生れの長州藩出身で、奇兵隊に参加した経験を持つ。工部大学校造家学科（東大工学部建築学科の前身）の第一回卒業生である。お雇い外国人教師コンドルに教えを受けた片山は、のちに東京駅の設計を手がける同期の辰野金吾と同じく、欧米の近代建築の方法を身につけた最初の日本人建築家として、政府や政府関連機関、大企業などに重用された。当然、国家や会社の威信を建築に表現することが期待された。

重厚な建築様式

その結果、彼らの設計した建築はバロック、ルネサンス、ゴシックなど、欧米の建築様式をふまえた重厚なものとなった（『日本近代建築の歴史』）。それはこの時点までの彼らの作品で現存する、帝国奈良博物館（現奈良国立博物館、片山、明治二十七年）、帝国京都博物館（現京都国立博物館、片山、明治二十八年）、日本銀行本店（辰野、明治二十九年）を見ればよくわかる。片山の起用は、東宮御所の新築にあたっても政府がこうした欧米式の重厚な建築を求めていたことを示している。その理由は、日清戦争に勝利して強国への第一歩を踏み出した時期であることを考えれば、大日本帝国の威信を内外に示すために他ならない。

未曽有の建築費

三十一年十二月一日、嘉仁皇太子は同じ敷地内の青山仮御所に転居、翌三十二年七月二十八日に着工した。しかし物価上昇などから、三十五年八月、当時の造営局長堤正誼が、天皇に対し予算を倍の五〇〇万円としたいと申し出た。これに対し、年末になって天皇は、今回は認めるが、これ以上の増額は絶対に認めない旨を堤に指示した。その理由は、二五〇万円でも皇室関係の建築費としては未曾有の巨額であるなどというものであった。ちなみに、当時の宮殿（明治宮殿）の建設費は当初予算二五〇万円、最終的には四〇〇万円弱であったから、未曾有とは、皇居を除けばということである。その宮殿の建設も、先に述べたように、財政難のため十五年あまりかかったのである。

東宮御所の完成

結局、東宮御所は四十二年六月、約五一〇万円を費やして完成した。現在の赤坂離宮迎賓館である。当時の日本の建築、工芸技術の粋を集めたネオバロック様式の壮麗な建築で、欧州の宮殿を思わせる威容はそれまでの日本では例を見ないもので、「日本の建築界が明治一代をかけて学習した西欧の建築の、様式と技術の総決算」（『日本近代建築の歴史』）と評されている。当時の新聞でもその壮麗さが報じられたが、結局嘉仁皇太子が住むことはなかっ

赤坂離宮

た。片山が完成の報告をした際、明治天皇が贅沢すぎる旨の発言をしたためといわれる（『日本の近代建築』上）。

三十五年末の天皇の指示の内容や、天皇と嘉仁皇太子の関係を考えれば、この説は大筋で正しいと考えられる。生存を第一にと大事に育てられてきた皇太子が、こうした贅沢な建物に住むことで、ますます庶民との壁が厚くなることを明治天皇が嫌ったのである。結局、嘉仁皇太子は、天皇践祚約一年後に皇居に移るまでの十六年間、青山仮御所に住み続けることになる。

沼津御用邸

一方、嘉仁皇太子の体調を維持、改善するための静養に用いる御用邸は明治二十年代後半から各地に建設されていく（『皇室の邸宅』『明治天皇紀』）。まず二十六年七月、避寒用に静岡県沼津に沼津御用邸が作られた。沼津は駿河《するが》湾に面した温暖な地で、東海道線が通じていたから東京との往来にも便利だった。御用邸の敷地は海に面しており、当初は和風の建物だけだったが、三十三年に片山の設計で洋館も増築された。御用邸では初の洋館である。三十八年に嘉仁皇太子の子供たちのために西付属邸が増築された。現在敷地は沼津御用邸記念公園となっているが、本邸は太平洋戦争時の空襲で焼失し、建物は西付属邸のみが現存している。

葉山御用邸

ついで二十七年一月、神奈川県葉山に葉山御用邸が作られた。ただし当初は英照《えいしょう》皇太后の避寒用で、老齢を考慮して、温暖で、比較的東京に近い地が選ばれたと考えられる。明治二十二年に横須賀線が開通し、最寄りに逗子駅があったので交通の便も良好だった。明治三十年の皇太后の死去後、ベルツからの提案もあって、同年七月から嘉仁皇太子が短期間の静養に用いるようになった。御用邸は現在も使われているが、当時の建物の大部分は戦後失火で焼失し、敷地の一部は公園になっている。

日光田母沢御用邸

三十二年六月には、避暑用として栃木県日光に日光田母沢御用邸が作られた。嘉仁皇太子はこれ以前から日光には避暑でしばしば訪れていたが、その際は妹たちのために作られた施設（日光御用邸）を使っていた。この御用邸は、地元出身の実業家の所有していた庭園を買い上げ、旧東宮御所（旧仮皇居）の一部を移築して作られた。建物は現存しており、中でも三階建ての和風木造建築の部分は紀州藩中屋敷時代以来の建物である。現在は庭園とともに日光田母沢御用邸記念公園となっている。その他、温泉地である栃木県塩原にも、三十七年に嘉仁皇太子の避暑用として、三島通庸《みちつね》の別荘を増改築する形で塩原御用邸が作られた。現在、敷地は天皇の間記念公園となっており、建物の一部も現存している。

これらの御用邸は嘉仁皇太子だけでなく、翌年の結婚以後、妻の皇太子妃節子や、裕仁以下の子供たちも頻繁に利用することになる。

二　結婚と家庭

1　皇太子妃節子

嘉仁皇太子が、九条節子《さだこ》を妃に迎え、婚礼の式を挙げたのは明治三十三年（一九〇〇）五月十日のことである。ただし、節子が妃に決まるまでは若干の紆余曲折があった（以下、特に断らない限り『皇后の近代』、『明治天皇紀』による）。

皇太子妃選び

皇太子妃選びは、嘉仁が立太子礼をあげてまもない明治二十四年（一八九一）四月から始まった。明治天皇は徳大寺侍従長に、第一希望は皇族、第二希望は元五摂家、第三希望をその他の公侯爵家として皇太子妃選びを進めるよう命じ、常宮《つねみや》・周宮《かねみや》両内親王の養育係だった佐佐木高行に、その遊び相手として候補者を集めさせて観察させた。

禎子女王に内定

とりあえず皇族、五摂家、その他の公侯爵家出身の一〇人の娘が集められた。その中にはのちに皇太子妃となる九条節子も含まれていた。佐佐木はやはり常宮《つねみや》・周宮《かねみや》御用掛となっていた下田歌子とともに選定に当たった。

家柄や人柄などから最初に白羽の矢が立ったのは、伏見宮貞愛《ふしみのみやさだなる》親王の長女禎子《さちこ》女王であった。禎子は華族女学校（のちの学習院女子部）在学中であった。天皇は明治二十六年五月三十一日、禎子を皇太子妃と内定し、父親の貞愛親王にその旨を伝えた。ただしすぐに正式の婚約や結婚には進まず、内定が公表されることもなかった。

内定時点では、皇太子はまだ十四歳で学習院初等中等科在学中であり、同科卒業までは静かにしておこうという意向が、明治天皇あるいは有栖川宮、東宮職に存在したためと推察される。二十九年十二月には天皇・皇后が伏見宮邸を訪ねて禎子と対面しており、正式の婚約が日程に上りつつあった。ただし、その後しばらく動きがとまる。皇太子、禎子ともその後一時病床に伏したりしたためと推察される。

ところが、三十二年一月に至り、状況は一変する。侍医局長岡玄卿《げんきょう》、東京帝大医科大学（医学部）教師ベルツらの診察により、禎子に結核の疑いがあることが判明し、岡が結婚は好ましくないと言い出したのである（『かざしの桜』同年一月二十一日）。佐佐木はあくまで内定履行を主張したが、二月六日に徳大寺内大臣兼侍従長、田中光顕《みつあき》宮内大臣、土方久元元宮内大臣、皇后宮大夫香川敬三《かがわけいぞう》、宮内次官らが集まって協議した結果、婚約解消に意見がまとまった。その後天皇の承諾を得て土方元宮相が使者となり、三月二十八日に貞愛親王に婚約解消が伝えられた。さすがに貞愛親王は落胆した様子だったという（同右）。

その後の禎子女王

この件に関して、『明治天皇紀』第九、三十二年三月二十二日の項には次のような逸話が記されている。天皇は婚約解消の代償として禎子を北白川宮恒久王《ひたしらかわのみやつねひさ》に嫁がせようとしたが、日ごろから貞愛親王と仲が悪かった小松宮彰仁《こまつのみやあきひと》親王が近親婚は好ましくないなどとして反対したため実現せず、禎子は三十四年に侯爵山内豊景《やまうちとよかげ》と結婚したがなかなか子に恵まれなかった。三十五年に節子が二人目の親王（秩父宮《ちちぶのみや》）を生んだ際、岡玄卿が天皇に対し、内定通り禎子が皇太子妃となっていたらこうした慶事はなかった旨を述べたところ、天皇は不機嫌になったという。三十三年五月二十三日付の『かざしの桜』にも、天皇が禎子の身の上を案じている旨の記述があるから、明治天皇の真意が内定履行にあったことは明らかである。

人選再開

さて、代わりの皇太子妃の人選は、再び常宮・周宮の遊び相手を候補者として、佐佐木らによって進められた。佐佐木は『かざしの桜』三十二年二月二十五日付で、未来の皇后であるから「第一御生質宜敷《よろしき》」、つまり、まず健康であることが必要で、容姿も「余り醜く候ても不都合」である上、皇太子は天皇と異なり「随分御才子」なので人選は「御大事」、つまり慎重にすべきであるとしている。皇太子は「随分御替り易く」、しかも天皇と異なり「欧米流」を好むので、その点からも皇太子妃の人柄が大事であるとは、その日佐佐木が土方から聞いた意見である。

九条節子

そうした中で白羽の矢が立ったのが、五摂家出身の九条節子である。『かざしの桜』同年四月五日付には早くも節子の名が最有力候補として記されている。その際佐佐木が「体質宜敷趣に付」と記したことからわかるように、人選の最大の理由は節子の健康な体質であった。健康が最重要視された点は、明治天皇がなかなか男子に恵まれなかったことをふまえていると判断できる。八月二十一日、節子は皇太子妃に内定し、そのことは宮内省から発表された。

九条家

節子は明治十七年（一八八四）六月二十五日、九条道孝《みちたか》の四女として東京市神田錦町の道孝邸で生れた。道孝は宮中祭祀の責任者である掌典長《しょうてんちょう》を務めており、同年七月七日の華族令発布にあたっては、旧五摂家の一つであることから最上級の公爵を授けられた。三十一年一月になくなった英照皇太后（孝明《こうめい》天皇の未亡人）が道孝の姉にあたるという名家である。

節子の成長ぶり

節子は、子供を世間の風に当てたいという両親の意向で、生後まもなく東京府東多摩郡高円寺村（現在の東京都杉並区高円寺）の豪農大河原家に里子に出され、庶民の子供の暮らしを体験した。五歳の時、すでに市内赤坂に転居していた実家に戻り、高等師範女子部（お茶の水女子大学の前身）付属幼稚園を経て華族女学校に入学した。在学中はおてんばぶりを発揮し、学業成績は上位で、得意科目の一つはフランス語であった。聡明でものおじしない、のちの節子皇后像は少女時代にすでにあらわれていたのである。皇太子妃内定は七月に節子が同校初等中等科を卒業するのを待って行われた。時に節子十五歳である。

人柄と趣味

このように節子は、聡明でものおじしない人柄や、フランス語など西欧文化に親しんでいる点で結果的には嘉仁の伴侶にふさわしい女性であった。こうした人柄や趣味は欧米との交際の機会が増えつつあった当時の皇室にとっても好都合な人物であったろう。また、節子は華族女学校時代から大口鯛二に和歌の指導を受けていたとされるが（大日本蚕糸会刊『貞明皇后』）、九条家は代々和歌と書に優れた家柄なので、節子は両親からも和歌の基礎を学んだと考えられる。

2 婚礼と祝賀の状況

宮内省の方針

宮内省は今回の結婚が「維新以来始めての御大典」であることから、従来の例だけにとらわれず、内外の例を慎重に調査した上でやり方を決めることとした（『読売新聞』明治三十二年八月二十四日付）。こうした認識は政府の側だけでなく、民間でも『風俗画報』二百六号などは、「明治時代になりて以来始めての御慶事にて、是れよ〔り〕千万歳の典礼を開かれたまふものに付、実に御大事の次第なり」と論じていた。さらに同誌は「是れ文明流の婚姻儀式の模範を世に示すものにて、是より一般の婚姻に対ふて一変化を生するか生せさるかの限界に属す」と、一般社会への影響も少なくないと予測している。

婚礼の様式

調査の結果、三十三年三月下旬、宮内省は、正殿での儀式は古式とし、謁見式や宴会は洋装洋式とすることに内定した（『読売新聞』三月二十五日付）。日本らしさを残しながらも、欧米に対し日本の西欧化の進展を印象づける形がとられることになったのである。

皇室婚嫁令

なお、三十二年十二月末には、婚礼準備の一環として、皇室婚嫁令の原案が宮内省で立案され、翌三十三年四月二十五日に公布、施行となる。天皇や皇族の正式の婚約や婚礼の日取りは公表することなどが定められた。

紀元節に婚約を発表

明治三十三年二月十一日、紀元節という、当時の日本としては最もめでたいとされた日の一つを選んで、皇室典範に基づき、天皇が嘉仁皇太子と節子の婚約を正式に決定し、発表された。ただし、この段階ではなお婚礼の日取りは発表されていない。侍医の一部になお嘉仁皇太子の健康に不安を持つ向きがあったためである。しかし、三月二十三日、侍医や伊藤博文、威仁親王など関係者による会議で五月に行う方針が内定した。その理由は、「あらゆる東洋の風習とは全然反対に、東宮が成婚前に他の女性に触れられないようにすることに決定をみた」ので、「もはやこれ以上成婚を延ばすことはできない」ためだった（『ベルツの日記』上）。

その理由について飛鳥井雅道氏は、皇室典範制定時に皇位継承を嫡出子優先としたことや、政府として国民に一夫一婦制を奨励していたため、次の皇位継承者を将来の皇后の実子としておきたかったことが原因としており、妥当な説と考えられる。

国内の祝賀ムード

そして四月二十七日、皇室婚嫁令にもとづき、五月十日に婚礼が行われることが田中宮内大臣により公表された。このころから各地での記念品献上や記念事業の話が新聞紙上をにぎわし始め、祝賀ムードが高まっていった。もちろんすでにそうした動きは少しずつ新聞でも報じられおり、二月下旬には、食品以外はいかなる献納品も受け付けるという宮内省の意向も報じられてはいたが、本格化したのはこのころからである。しかも最終的には食品もよいということになった。

演出方法の模索

このように、献納の動きが本格化してから婚礼までの期間が短かったため、「献納品の製作間に合わざるもの多くして、其過半は目録に模図若くは写真を添へ」（『風俗画報』二百十一号）となった。皇室慶事の盛り上げ方としては、公式発表がやや遅きに失したのである。内外に向けての皇室の演出方法については、政府や宮中では模索が続いていたのである。以下、婚礼当日の状況は、『風俗画報』二一一号と『読売新聞』による。

五月十日

日本晴れの好天に恵まれた五月十日、まず午前六時に皇居内賢所で皇祖皇宗への奉告祭が掌典職によって行われた。なお、掌典長はすでに岩倉具綱に代わっていた。ついで七時半、洋風礼装の節子が九条家邸を、陸軍少佐の礼装を身にまとった嘉仁皇太子が東宮御所を出発し、それぞれ馬車で皇居に入った。二重橋前には二人の皇居入りを見ようとすでに七時前から人々がかなり集まっており、先に節子が到着した際には人々から万歳の声が上がった。

挙式

皇居に入った二人は、皇太子は束帯、節子は十二単《ひとえ》に着替えて賢所《かしこどころ》に向かい、神楽《かぐら》が奏され、青山練兵場における陸軍、品川沖における海軍による祝砲が放たれる中、神

天皇皇后との対面式

大正天皇（皇太子）と節子妃（宮内庁提供）

式による挙式（御告文式）を行った。「賢所の大前に於て御婚儀を行はせ給ふ御事は国初以来こたびを以て始めて」（『風俗画報』）と評された通り、神仏分離と神道の重視という明治政府の方針をふまえ、なおかつ伝統色を打ち出した新しい儀礼として賢所における挙式が行われたのである。

夫婦となった二人（以下節子を節子妃と記す）は再び洋風正装に着替え、午前九時、宮殿の正殿で天皇・皇后と対面式を行った。午前十一時、皇太子夫妻はいったん東宮御所に帰るため馬車で皇居を後にした。車列は「御当日第一の厳儀」（同前）とされ、正門から桜田門―三宅坂―麹町―四谷―紀伊国坂―堀端―青山通りをへて、午後零時半に東宮御所に到着した。

皇居前の様子

皇居出発時には皇居前は人で埋め尽くされ、東京市奉祝会や文部省直轄学校の生徒用に確保してあった場所だけでなく、車列の通路も一般見物人に占領されてしまい、車列は正門付近で十数分間停止を余儀なくされた。しかもその間「四民歓呼の声は湧くが如く」（同前）であった。皇居前に集まった人々の熱狂ぶりがわかる。

パレード

車列の沿道には諸学校の生徒や兵士が整列し、その後ろに一般見物人がやはり押し寄せていた。皇太子夫妻は車内から沿道に会釈しながら車列は進行した。史料では「パレード」という言葉は使われていないが、この車列は、単なる移動ではなく、結婚を広く人々に披露するためのパレードそのものであり、やはり西欧の王室においてしばしば見られるものの、従来の皇室の婚儀では考えられない、まさに近代皇室ならではの行事であった。

祝宴

夜は祝宴となった。午後三時半、皇太子夫妻は東宮御所を出発、往路とは別の道を通って皇居に向かった。四時半、侍従、女官、皇族、顕官、外交官夫妻らが待ち受ける中、天皇皇后と皇太子夫妻は宮殿内の鳳凰《ほうおう》の間に現れて祝意を受け、全員と握手をした。この日宮殿内はいたるところ生花で飾られ、「其壮麗なること、実に一目を驚かせ」（同前）たという。

午後六時からは祝宴が開かれた。出席者は二二〇〇人あまりで、天皇皇后と皇太子夫妻を含む皇族は千種の間で、他の出席者は豊明殿で食事をした。メニューは伝わっていないが、洋装で臨んでいるので、フランス料理のフルコースと考えられる。宴中は宮内省楽部と近衛師団の軍楽隊が音楽を奏でていた。出席者には記念品として洋菓子のボンボンを入れた銀製のボンボニエール（ボンボン入れ）が渡された。

このように、今回の結婚式は、十分に検討された上で、和風の儀式も含め、結果的にはまったく新しい形となり、しかも行事の大部分はヨーロッパの王室を参考にして企画・実施された。内外に日本の発展ぶりを明示するためであったことは論をまたない。

各地の祝賀行事

事実上の休日となったこの日、全国各地では祝賀行事が行われた。やはり皇居のある東京が一番盛んで、皇居周辺や東宮御所、九条邸付近、神田や銀座などの繁華街を中心に国旗や提灯、電飾、飾門が多数設けられ、皇太子の写真を掲げる商店もかなりあった。また市内各所で有志により神酒が振舞われた。繁華街でも人出はすさまじく、当日は東京市奉祝会により日比谷公園ほか三ヵ所で朝から花火が打ち上げられた。宮中の祝宴に招かれて、「準備万端、非の打ちどころなし」と日記に記したベルツは、夜になって銀座に散歩に出かけ、「素晴らしい。どの店にも、何か祝意を表するものが飾られているが、時としてはそれが、全く絵のような美しい集団を作っている」とも記している。

人出の多さを裏づけるのは交通機関の状況で、官設鉄道東海道線の新橋―横浜間に二往復、新橋―国府津間に一往復半の臨時列車が運転されたほか、見物のため鉄道で各地から上京した人は一〇万人を越え、市内の旅館はいずれも満杯となった。さらに東京市内の馬車鉄道も結婚当日は開業以来の盛況となった。

賀表

現在の祝辞、祝電に相当する賀表は、貴衆両院、陸海軍、学習院、顕官、政党、諸団体から地方議会、市町村、在留外国人、一般庶民などあらゆる機関、階層からもたらされ、その数は一五万二二〇〇通あまりに達した。

その中には結婚を祝うだけでなく、東京府会の賀表（本居豊穎撰文）に「皇統の継承天地とゝもに窮無く竹の御園の御栄え千世万世にいよ〳〵ひろし」（同前）とあるように、これで子供（男子）が生れるはずであるから皇統がさらに続くという意味でも祝意を表する例が少なくなかった。こうした願望が一部のものでないことは、東京音楽学校、華族女学校、日本音楽会それぞれが作った奉祝唱歌のいずれもがこの意味の字句を歌詞に織り込んでいることからわかる。特に東京音楽学校作の歌は全国の小学校で歌うために

表　慶　館

作られた歌であった。

　献納品の総数は不明だが、『風俗画報』には、各官庁のほか、諸外国、各種団体、一部の企業、全国の市町村に至るまで献納したとあるので、かなりの数にのぼると考えられる。品物としては工芸品や特産の食品が多かったが、最も大きく、現在でも人の眼にふれるものとしては東京国立博物館（当時帝室博物館）の表慶館がある。献納の経緯について、『東京国立博物館百年史』の記述を当時の『読売新聞』で補足訂正しつつ紹介する。

　これは三十三年三月中旬に東京府知事千家《せんげ》尊福《たかとみ》、東京市長松田秀雄が東京商工会議所会頭渋沢栄一ら市内在住の主な政治家・財界人に呼びかけて結成した東宮殿下慶事奉祝会の企画で、募金によって市内に献納美術館を建設することになった。設計はすでに東宮御所（赤坂離宮）の設計施工に当たっていた片山東熊に委嘱する予定で、五月の結婚式の時点で、のちに出来上がる壮麗なネオバロック様式の建物に近いデザインの完成予想図が皇太子成婚を報じる新聞や雑誌に掲載されていた。

上野公園内に開館

建設地は日比谷公園や芝公園なども候補に上がったが、片山の意見で比較的地盤の状態がよい上野公園内帝室博物館敷地と決まり、明治三十四年八月に起工した。総工費五三万円あまりを費やして四十年九月末に竣工、皇室に献納され、四十一年五月に帝室博物館の表慶館として開館、博物館収蔵の古代以来の日本や中国の美術品を展示した。五月十日に行われるはずだった開館式は皇太子の病気で二十二日に延期されたが、開館式当日は皇太子夫妻も臨席し、皇太子が令旨《りょうじ》（皇族の考えを記した文書）を読み上げた。

電気自動車

その他、変わった献上品として、サンフランシスコの日本人移民たちから贈られたアメリカ製電気自動車があった。電気自動車は、オープンタイプの馬車に似たデザインで充電式であった。斉藤俊彦氏によれば、これを日本初の自動車とする説もあったが、現在では明治三十一年に第一号車が輸入、運転されていることが判明しているので第一号ではない。中部博氏の調査によれば、この電気自動車は三十三年八月二十二日に海路横浜に到着、まもなく皇居周辺で試運転が行われたが、ブレーキの操作ミスで堀に落下してしまった。その後、翌年七月に皇太子夫妻がこの車を見学したらしいが、皇太子の乗用に使われることなく宮内省職員に下げ渡され、以後の消息は不明である。

婚礼記念切手

また、逓信省《ていしん》は記念行事として婚礼時の伝統行事を図案化した成婚記念切手を三六〇〇万枚あまり発行し、四月二十八日から発売された。日本初の記念切手となった明治二十七年三月発売の明治天皇の大婚二十五年（銀婚式）記念切手は一六〇〇万枚弱だったので、倍以上の枚数が作られたことになる。売れ行きは好調だった（『皇室切手』）。

漢詩を公表

さらに、『中央新聞』、『国民新聞』は、五月十日号につけた結婚記念の付録に嘉仁皇太子の漢詩を掲載した。『中央新聞』は「遠州洋上作」（遠州の洋上にて作る）、『国民新聞』は「舞子偶成」（舞子にてたまたま成る）を掲載した。いずれも三十二年秋の作で、おそらくこれが嘉仁皇太子の漢詩が公表された最初である。掲載は、伊藤博文の秘書で漢詩人でもあった森槐南《かいなん》と三島毅の仲介によると推定されている（『大正天皇御製詩の基礎的研究』）。同時に両紙および『時事新報』の付録に節子妃の和歌も掲載された。これも節子妃の和歌が公表された最初である。

神前挙式の広まり

とにかく、嘉仁皇太子の結婚は、憲法発布以来、あるいはそれ以上に日本国中が盛り上がったできごとであった。そして、『風俗画報』が予測した通り、これを契機に神前挙式という婚礼方式が創始され、民間に広まっていくこととなった。もっとも、政府による準備の中心は一連の行事のやり方の調査研究であって、国民の盛り上がりはどちらかというと自然発生的なものであった。皇室の存在や当時の日本における皇室の意味についての国民の認知度がかなり高くなっていたことがうかがわれる。

新婚旅行

婚礼を終えた皇太子夫妻は、五月二十三日、三十一日までの予定で三重・京都・奈良への旅行に出発した。結婚を報告するため伊勢神宮や主な天皇の陵墓に参拝するのが目的である。二十五日に伊勢神宮を参拝、二十六日に京都に入り、二条離宮（二条城）を宿舎として予定より二日長い六月一日まで滞在した。その間、奈良県橿原《かしはら》の神武《じんむ》天皇陵や京都泉涌寺の孝明天皇・英照皇太后陵などを夫妻で参拝、皇太子は有栖川宮とともに嵐山、桂離宮、京都帝国大学や京都帝室博物館などを見学した。六月二日、夫妻は京都を出発、途中沼津御用邸や葉山御用邸で静養しながら六月七日に東京に帰着した。実質的な新婚旅行だったといえる。各地で盛大な歓迎を受けたことはいうまでもない。

3　皇太子妃と子供たち

節子の教育係

さて、新たに皇室に入った節子妃には、事実上の教育係として萬里小路《までのこうじ》幸子《ゆきこ》ら六人の女官が御用掛となった。萬里小路は英照皇太后にも美子《はるこ》皇后にも仕えた老練な女官で、節子が将来の皇后にふさわしい女性となれるよう、宮中のしきたりや他人への接し方などをきびしく教えた。節子はその活発でものおじしない性格から側近者と言い争うこともしばしばあった。

実際、結婚直後、萬里小路は佐佐木高行の妻貞子に「皇妃殿下にも当今の風に候哉御軽々にて心配」と漏らし（『かざしの桜』三十三年五月十八日）、典侍《ないしのすけ》高倉寿子《かずこ》も貞子に「皇太子殿下妃御方は何分おてんば流にて困ると一同申し、今以誠に禎子女王は残念千万」（同六月十九日）とぼやいている。ただし、節子妃は、自分の言い分が誤っていたとわかるとすぐに詫びたので、側近との信頼感を築くことができた（主婦の友社編『貞明皇后』）。

夫婦仲

嘉仁皇太子と節子妃の夫婦仲は、かならずしもしっくりいっていたわけではない。結婚最初の夫婦同伴での日光への避暑旅行に出発の際、節子妃が、用意された洋服が気に入らず、側近らも同感であったが、皇太子が「西洋貴婦人の旅行服なれは是非着服せよ」と節子にその服を着ることを強要したため「遂に妃殿下むつかるに至り」、香川敬三皇后大夫が皇太子を説得するという事件があり（『かざしの桜』七月二十九日）、日光田母沢御用邸滞在中、嘉仁が近隣に避暑中の華族の若い娘鍋島伊都子にあまりに頻繁に会いに

侍従長木戸孝正の嘆き

節子妃の精神状態

行くので節子妃が怒って一時帰京する事件も起きていた（『梨本宮伊都子妃の日記』）。

嘉仁が他の女性に会いに行くことはその後もあり、東宮侍従長木戸孝正《きどたかまさ》の三十九年七月十二日の日記には、妹たちが暮らす高輪御殿に嘉仁が頻繁に訪れることについて、「今日伊藤海軍中将夫人同所へ伺候の事を御聞及之上例の御癖ニて態《わざ》と為其《そのため》御出ニ相成りたる者也」として「甚タ不得其意可歎也《そのいをえずなげくべきなり》」と、嘆きの言葉が記されており、十五日には梨本宮に嫁いだあとの伊都子を訪ね、木戸はやはり日記に「今日の御訪問は余り長々過ぎたり。他の迷惑なとは少しも御気に掛け不遊誠《あそばず》に困りたる事」と書いている。なお、木戸は木戸孝允《たかよし》の養子で、明治三十五年五月から四十一年一月まで東宮侍従長を務めた。昭和十五年から二十年まで昭和天皇の内大臣をつとめた木戸幸一の父でもある。木戸孝正の日記は三十七年七月から三十八年十二月までの分が最近翻刻された以外は未公刊で、従来歴史研究に使われたことはない。

一方で、皇太子夫妻は、御所や御用邸で側近を誘ってダンスを楽しんでおり（「木戸孝正日記」三十六年五月十六日、六月二十七日、十一月二十五日、二十六日、三十七年三月五日、八日など）、明治三十五年から大正三年までの間に節子妃は少なくとも六二の漢詩を作っており、死後、『貞明皇后御詩集』として出版された。夫の趣味に合わせようと努力していたことから、少なくとも節子妃が夫嘉仁と仲良くしようと努めていたことはまちがいない。そして、「沈鬱と興奮の症状」が見られていた節子妃の精神状態は、三十七年八月以後、子供たちと半ば同居状態になって安定することになる（『ベルツの日記』三十八年六月六日）。

男児出産

節子妃は結婚から一年足らずの三十四年（一九〇一）四月二十九日夜一〇時過ぎ、第一子として男児を出産した。皇室典範制定後、皇太子に生れた初の男児であったことから、彼は出生と同時に将来天皇になる運命を背負った最初の親王となった。お産は軽く、母子ともに健康であった。宮内省はこの日深夜官報号外で出生を発表したが、締め切りの関係で、新聞の通常版への記事掲載は五月一日となった。

新聞各紙のトップ記事

この日の各新聞は出産をトップ記事で伝え、出産時の状況や男児の体重、母子の健康状態なども伝え、『読売新聞』などは「御行末の御健康も推し量られて芽出度き御事」と書いた。家柄とともに健康を重視して妃を選んだことや、西洋医学を採用した結果、宮中には出産の状況を詳報させるだけの自信が生れるほどになっていたのである。

全国的な祝賀ムード

貴衆両院議長はさっそく参賀し、各国公使館も自国と日本の国旗を掲げ、本国からの祝電を宮中に持参した。東京をはじめ各主要都市でも各所に日章旗が掲げられ、全国的に祝賀の雰囲気が盛り上がった。その意味は、『読売新聞』五月一日付第一面に「大御

その後も三人を出産

代は常磐堅磐に皇室の御栄え前古比なく竹の園生の繁り茂りて」とあることや、結婚当時の賀表などでも期待されていたように、これで皇統のさらなる継続が決まったということであった。五月五日、この男児は迪宮《みちのみや》裕《ひろ》仁《ひと》と名づけられた。いうまでもなくのちの昭和天皇である。

迪宮（昭和天皇）と淳宮（秩父宮）と（宮内庁提供）

節子妃はその後も三十五年六月二十五日に淳《あつの》宮《みや》雍仁《やすひと》（のち秩父《ちちぶ》宮）、三十八年一月三日に光《てる》宮宣仁《のぶひと》（のち高松宮）、大正四年（一九一五）十二月二日に澄《すみ》宮崇仁《たかひと》（のち三笠宮）と合計四人の男児を生んだ。いずれも健康に出産し、新聞はやはり大きく伝え、全国で祝意が表された。皇位が男子相続と定められていた以上、皇太子のもとに相次いで男子が生れたことは、皇位の継続性がさらに強固になることであったからである。また、こうして節子妃が続けて健康な男子を四人も産んでいったことは、結果的に側室制度の実質上の廃止をもたらした点でも大きな意味を持つできごとだった（形式上も廃止されたのは昭和天皇践祚後）。このうち裕仁・雍仁は明治天皇の意向で生後まもなく川村純義《すみよし》伯爵邸に預けられたが、明治三十七年八月に川村が病死したため、二人は東宮御所と同じ敷地内の皇孫仮御所に住むことになり、木戸孝正東宮侍従長、のちには丸尾錦作学習院教授が養育を担当した。

親子の団欒

隣同士に住むようになった親子は、少なくとも週一回は団欒の時を過ごすようになった。静養の際もお互い近隣の御用邸か同じ御用邸の別棟に泊まり、頻繁に往来していたことが関係者の記録（「木戸孝正日記」など）からわかる。

生育状況

幼児期の男児は一般的にいって女児より病気が多いものである。新聞報道や、「木戸孝正日記」、内相時代の原敬《たかし》にもたらされたと思われる裕仁・雍仁の生育状況報告書（『昭和天皇のご幼少時代』）や秩父宮の伝記といった、関係者の記録によれば、大正天皇の子供たちもその例に洩れなかったが、全体としては健康で順調に生育したと判断できる。新聞は四人の子供たちの生育状況や動向を折にふれて報道し、国民は彼らの順調な生育ぶりを知ることができた。健康な女性を妃に迎えるという佐佐木高行ら明治天皇側近の戦略は成功したのである。

子煩悩な父親

嘉仁皇太子は子煩悩な父親だった。ベルツの日記には自分の子供を自慢げにベルツに見せる嘉仁の様子がたびたび記されている（三十七年二月十二日、十月九日、三十八年三月二十一日、六月六日）。その際、長らく皇太子親子の同居を宮中に説き続けてきたベルツが、三十八年三月三十一日の日記に、次のように書いているのは注意しておいてよい。

親子同居の実現

今では東宮一家は、日本の歴史の上で皇太子としては未曾有のことだが、西洋の意味でいう本当の幸福な家庭生活、すなわち親子一緒の生活を営んでおられる。これというのも、もともと東宮の病気のお陰である。というのは、この病気が衛生的見地からの改革、そして後にはまた、一般に合理的な見地からの改革を必要ならしめたからである。

すなわち、皇太子の体調の悪さが同居実現の引き金になったと書いているからである。

昭和天皇の回想

また、昭和天皇は、戦後、昭和五十三年（一九七八）十二月四日の記者会見で「大正天皇とは、幼少の折り、将棋を一緒にお相手したこともあるし、また天皇と一緒に世界一周の歌を歌った楽しい思い出も持っています」と回想しており（『昭和天皇語録』）、秩父宮も戦後、

この頃の父上は非常にお元気で、ごく気軽に、運動の途中などで突然（皇孫仮御

殿に〕立ち寄られることもよくあったから、母上よりもむしろ父上の方が、より多く僕らの家にはこられたくらいだ。そして父上も鬼ごっこなどに加わられることもあったが、そんな時は家がわれるようなにぎやかさだったという。また、寝る様子をわざわざ見にこられたときなどは、僕らが嬉しくて床にはいってもいつまでもしゃべっているので、とうとう眠りにつく前に帰られたそうである。〔中略、東宮御所での〕食事が終わると、よく食堂のうしろのピアノのある室で合唱をした。母上がピアノを弾かれ、侍従、武官、女官に、父上も加わられて軍歌が多かったように思うが、唱歌もいろいろうたわれた。「広き世界の国々の、変わる姿を見て来むと……」という世界漫遊の歌は常にうたわれたものの一つであった。何しろ調子を無視して、蛮声を張り上げるのだから、真にやかましい、にぎやかなものだった。しかしこんな雰囲気は親子水入らずではないが、思い出しても、楽しいものである。

と回想している（『思い出の記』）。一部伝聞調なのは、この話には、秩父宮の記憶が残り始めるより前の、おそらくは母親から聞いたことも含んでいるためであろう。

その他、東宮御所内で裕仁・雍仁と手をつないで遊ぶ嘉仁皇太子の写真が残されている上（『天皇四代の肖像』ほか）、天皇になってからの嘉仁が大正二年（一九一三）夏八月、避暑中の日光から塩原に避暑中の裕仁を訪ねたことを詠んだ漢詩「到塩原訪東宮」（塩原に到り東宮を訪ねる）に「東宮相見情転深　携手細徑楽間歩」（東宮と会えて愛情はますます深く、手をたずさえて細い道での散歩を楽しんだ）とあることからも子煩悩ぶりがわかる。

4　嘉仁の生活ぶり

日々の生活

結婚後の嘉仁皇太子の東宮御所や御用邸などでの生活ぶりについて、主に「木戸孝正日記」から拾ってみよう。通常は独身時代と同様、午前中は個人教授による勉強で、節子も時間割をずらして同じように個人教授をうけていた（「皇太子殿下進講摘要」）。午後は外出の予定がなければ、側近とビリヤード（玉突き）や将棋を楽しんだり、御用邸の場合は散歩、東宮御所の場合は馬車により、近隣への微行による散歩・散策を楽しんでいた。

服装

たとえば三十五年七月四日、日光田母沢御用邸滞在中には和服で散歩に出ている。私的な場での和服姿は他にも記録があるので（『昭和天皇のご幼少時代』）、私的な場では当時の大多数の日本人と同じく、和装であったと考えられる。八月十二日には住民が御用邸前で川魚の漁を披露し、嘉仁皇太子も住民に混じって漁を楽しむというほほえましい光景が見られた。なお、ビリヤードは天皇になってからもしばしば楽しんだことが、側近の

ビリヤード

日記（『侍従武官日記』）にもあるが、日本人がビリヤードを楽しむようになったのは明治二十年代なかごろからで、留学経験者などごく一部の人々の遊びであった（『撞球秘訣　セリーとマッセー』）。

その他、少なくとも三十五年六月末以降、御用邸滞在中に運動のためしばしば自転車に乗っている。これに先立つ三十四年五月十日には国府津から大磯の伊藤博文の別荘（滄浪閣）まで威仁親王とともにお忍びで乗っていることが新聞で報道されている。東宮職が自転車を購入したのは明治二十年代末（「殿下にどなりつけた寺の小僧」）なので、それ以降乗り始めたのであろう。

自転車は、明治三十年代中ごろには日本国内で五万台以上が保有されており、国産も始まって価格も下がりはじめ、普及が緒についたが、運動を兼ねた娯楽の手段としては、まだまだ徳川昭武《あきたけ》や徳川慶喜《よしのぶ》など、貴顕のものであった（『くるまたちの社会史』）。

それでも自転車の効果はすぐに現れず、三十五年十月、葉山滞在中の嘉仁皇太子は体調を崩し、ベルツも駆けつける事態となったため、皇居での十一月三日の天長節（明治天皇誕生日）の祝宴に参加できず、木戸は「実ニ殿下の御病弱痛大息之至り」と記した（十月三十日）。

大型ヨット「初加勢」

また、嘉仁皇太子は、三菱財閥から献上された大型ヨット「初加勢」によって、おそらく日本人では初めて欧米風の海洋レジャーも楽しんでいた。「初加勢」は、三十三年十月に嘉仁皇太子が三菱長崎造船所を訪問した記念として同造船所で建造された。三十四年五月十日に起工し、三十五年十月四日に進水、その後東京品川で艤装《ぎそう》され、十一月二十六日に竣工、即日献上された。管理・運航は海軍に委託された。献上に至る過程は新聞でも報道された。同船は当初は「初風」と称していたが、理由や時期は不明であるが、のちに同音の「初加勢」に改称された（『三菱長崎造船所史』一、『日本近世造船史』明治編、『海軍』第十一巻）。

ヨット「初加勢」（『日本近世造船史』明治編より）

総トン数八〇トン、二三〇馬力の蒸気機関を備え、最大時速一一ノット（時速二〇キロ弱）と、当時同造船所で作られていた二〇〇〇トン級の日本沿海用の貨客船（一五〇〇～二〇〇〇馬力）と同程度の速度が出る性能を持っており、上の写真を見てもわかるように、豪華な内装、二本マストの優美な船型を持っていたので、「初加勢」は、しばしばヨーロッパの王室が所有するような海洋レジャー用の大型ヨットであったことがわかる。

皇室用の大型ヨットとしては、すでに英国製の「明治丸」（約一〇〇〇トン）が明治八年に就航していたが、明治天皇は用務で二度乗船しただけで遊んだことはなく、三十年には商船学校の練習船となってしまっていた（『ロイアル・ヨットの世界』）。

嘉仁皇太子は、沼津御用邸滞在中の三十六年二月二十日、「初加勢」にはじめて乗船し、御用邸付近の駿河湾を回遊した（「木戸孝正日記」）。楽しかったようで、「海原をはしる小船の初風に波の花さへうつくしく散る」という和歌を詠んでいる。嘉仁皇太子は、その後三月七日にも同船に乗っている（同前）。

その後の「初加勢」は、観艦式の際、港の岸壁からお召艦までの乗用に使用されたほか（『読売新聞』明治三十八年十月二十四日、大正五年十一月十六日）、レジャーにも使われた。「大正天皇実録」の公開で初めて知られることになった一四首の漢詩の一つに、葉山御用邸滞在中の大正二年（一九一三）七月二十二日に「初加勢」に乗ったことを題材とした「乗初加勢」（初加勢に乗る）があるので、少なくとも大正二年までは、葉山や沼津で静養の際に「初加勢」で遊んでいたのである。ただし、管見の限り、嘉仁が「初加勢」で海洋レジャーを楽しんでいたことはこの時を除けばほとんど報道されず、嘉仁死後の追悼本や追悼記事の類にも書かれていない。なお、「初加勢」は、大正天皇の死後、海軍に移管され、敗戦後は占領軍に接取されて「ドロシー」と改名され、さらに伊勢志摩の観光船「初風」となってまもなくの昭和二十五年三月十八日、座礁により数奇な生涯を閉じることになる（『ロイアル・ヨットの世界』）。

ビリヤードにしろ、自転車にしろ、ヨットにしろ、嘉仁皇太子が高価あるいは最先端の道具で遊ぶことのできる、きわめて恵まれた境遇にあったことがよくわかる。

皇太子の軽率な発言

一方、木戸の日記には嘉仁皇太子の軽率な発言や行動もかなり記録されている。大正天皇の性格や評価について考える手がかりとなるので、典型的な例を紹介しよう。

三十九年七月四日、天皇に面会するため、嘉仁皇太子は午前九時一五分に御所を出発して皇居に向かうはずであったが、皇太子は突如九時に出発した。木戸はこれについて「幸ニ供奉員揃ひ居りたる為メ不都合無かりしに如是事《かくのごときこと》ハ好ましからざる事」と不快感を記している。

侍従を無断派遣

二週間ほどあとの七月十九日、今度は、嘉仁皇太子が避暑中の光宮の様子を知るため木戸に無断で東宮侍従を派遣したことが発覚、派遣された侍従がそのことを木戸に報告したと皇太子に伝えたところ、侍従は皇太子から「無用の事を為せりとて御叱責を蒙りたる」結果となった。木戸はこのことについて、「如是事ハ今春葉山ニて多く有之予甚夕不得其意遂ニ予も進退を決するニ苦ミたりしか又々此節再び此義遺憾之至り」、すなわち、このようなことは前にも多く、不満に思って辞職まで考えたのにまたこれでは困ると書いているのである。

木戸孝正の辞意

春頃の日記には侍従無断派遣の記事はないが、三月二十五日の日記に木戸が嘉仁皇太子に種々意見したこと、翌日の日記に、宮内大臣から、木戸が東宮に辞意を申し出たことについて、「東宮ニも大ニ御後悔ニて今後改悛被遊思召《おぼしめしあそばさる》」なので留任するよう言われ、留任したことが記されている。皇太子の反省は四ヵ月ももたなかったわけである。

木戸の努力

もっとも、木戸は東宮侍従長として、嘉仁皇太子を次代の天皇にふさわしい人物に育て上げるため努力していた。木戸はさきにふれた例以外にも皇太子に説教したことがあり（三十五年六月二十六日、九月二十五日、四十年三月十五日など）、威仁親王が東宮輔導だった時期には皇太子の行状について威仁親王に何度も意見具申をしている。

また、三十六年十一月十日、同月十三日開催予定の来日中のインド王族を迎えての天皇主催の観菊会への嘉仁皇太子の出席を見合わせ、皇太子を沼津御用邸で静養させるという決定がなされた。その理由は不明だが、これまでの経緯から考えて失態を恐れてのことと推定できる。木戸は斉藤桃太郎東宮大夫と「大ニ其不然旨《しからざるむね》を論じ」、斉藤を通じて徳大寺内大臣に決定の変更を求めたが拒否され、日記に「遺憾」と記している。

天皇代理としてドイツ皇族を接待

そして三十八年五月二日、三日後の五日に来日中のドイツの皇族を天皇の代理として嘉仁皇太子が接待することが決まった。皇太子が天皇の名代を務めるのはもちろんはじめてである。木戸は「実ニ予等年来之宿志聊《いささ》か其緒を開き歓喜ニ堪へす」とし、当日、「幸ニ東宮の御挙動大体ニ於て大ニ宜シ。一同安心ス」と書いている。

駐日ベルギー公使の面会

しかし、嘉仁皇太子は木戸がこうした努力をしていることなど無視するかのように、三十九年七月には、駐日ベルギー公使が面会に訪れた際、当時の習慣ではフランス語の通訳ができる侍従が立ち会うべきであったのに、皇太子が英語しかできない侍従を立ち会わせるという行為をした。皇太子は侍従たちの事情には十分通じていたはずなので、これはわざとそうしたのである。これについて木戸は、公使は多少英語ができたから事なきを得たものの、「只殿下の好奇心ニ出たる也〔中略〕如此御思召ハ元来客を遇するの道ニ非す」と日記に怒りをぶちまけた（『木戸孝正日記』三十九年七月五日）。

再び辞意を抱く

そして木戸は四十年六月ごろから再び辞意を抱く。はじめは病気が主な理由だったようだが、次第にそれだけではなくなっていった。それがわかる史料として、日記に挿入されている辞意の理由を書いたと思われるメモがある。

辞意の理由

それには、四十年十一月十四日、有栖川宮邸訪問のため一〇時出発予定だったのに皇太子が突然九時出発と言い出し、自分が馬車に乗り遅れそうになったこと、十五日と十六日に木戸に無断で侍従を池上競馬場に派遣したこと、十五日に木戸に無断である侍従に休暇を命じたこと、二十二日に木戸に無断で外出したこと、十二月二十一日に木戸に無断で侍従一同や侍医に出勤を命じたこと、十二月二十六日に木戸に無断で非番の侍従を呼び出したこと、二十八日の宮内省幹部と皇太子の食事会に木戸と当番の東宮侍従は同席させてもらえなかったことなどが書かれている。そして、四十一年一月二十日、ようやく辞職できた日の日記に、「予年来之素願ニて漸《ようや》く今日其志を達す。大ニ安心せり」と書き付けた（後任は一条実輝）。

木戸を無視する態度

要するに、嘉仁皇太子が木戸を無視するような態度をたびたびとっていたことが不満の原因だったのである。これは単に感情の疎隔という話では済まされない。

嘉仁の言い分としては、一連の行為や発言は、形式ばったことや複雑な手続きが面倒だっただけ、あるいは退屈しのぎに過ぎず、それをいちいちとがめだてする木戸の方が悪いということになろう。しかし、木戸は東宮侍従長であり、皇太子が無断で東宮職を動かして問題が起きれば責任は木戸に来る。権限を奪われて責任だけ取らされればやる気を失うのは当然である。しかも、嘉仁皇太子は一私人ではなく、次代の天皇であって、年齢的にも十分大人だったのだから、木戸の立場に配慮して行動すべきであった。

明治天皇との違い

父親である明治天皇は、早くから天皇の地位にあったこともあってか、明治六年の避暑を除き、避暑避寒のための旅行を庶民はできないからとして行わず、そばで仕える人々に余計な苦労をかけないようさまざまな配慮を行っていた（『明治天皇御一代記』、『明治天皇の一日』）。明治天皇は自分の立場をわきまえて他人に配慮できる社会性を備えていたのである。それに比べれば嘉仁皇太子は明らかに軽率で、社会性が不足していた。虚弱な体質で生れたため、このような性格の人間に育つ運命にあったところに大正天皇の非運があった。

実態と異なる報道

なお、嘉仁が一連の娯楽を楽しんでいたことは、生前も死後もほとんど報道されなかった。逆に、立太子以後、嘉仁皇太子の動静は頻繁に報道されるようになるが、病気療養時を除けば、結婚後も、勉学にいそしんでいるとか、文武両道であるとか、聡明さが発揮された逸話が紹介されるなど、真面目に修養する皇太子という、実態とはやや異なるイメージが報じられていた。

先にあげた娯楽は、庶民からみてあまりに贅沢なものであったことは自明である上、静養に出かけることなく職務に没頭する姿が、明治天皇の名声と威信を高める重要な要因だっただけに、先にあげた娯楽を楽しんでいたことを公表しても、嘉仁皇太子の評判をあげることにはつながらないと側近が判断したためと考えるほかはない。

三　各地への旅行

1　概　要

国民の目にふれる皇太子

皇太子時代の大正天皇の事績でもっとも目立つのは、日本各地および韓国への旅行（巡啓、行啓《ぎょうけい》）である。一連の旅行を通じて多くの人の目に触れ、旅行先の新聞で大きくとりあげられたことによって、国民の間に嘉仁皇太子（大正天皇）の人柄に関する評価が形成されていったと考えられるからである。一連の旅行に関しては原武史氏の諸研究がもっとも詳しいので、主にそれらをもとに、適宜補足や考察を加えて述べていくが、その前に、旅行の発案者とも言われる威仁親王の動向にふれておかねばならない。

威仁親王の発案

明治三十三年九月末、威仁親王は、嘉仁皇太子の体調改善のため、地理歴史の授業の一環としての地方見学という名目での北九州への非公式旅行を発案、皇太子の同意を取り付け、十月初めには天皇の同意も得て実行に移した。

北九州巡啓

この北九州巡啓は十月十四日から十二月三日にわたる大旅行だったにもかかわらず、皇太子の体調は良好だったため、その成果は大きいと宮内省は判断したようで、三十五年にも五月二十日から六月八日まで信越北関東巡啓が行われた。この旅行では途中で嘉仁が体調を崩したため旅行が打ち切りになったが、三十六年六月に威仁親王が東宮輔導を辞任したあとも地方見学旅行は続けられていく。この一連の旅行についてはあとでまとめてふれる。

威仁親王の東宮輔導辞任

ところで、威仁親王はなぜ三十六年六月に東宮輔導をやめたのであろうか。彼は、同年二月二日に明治天皇に辞任を申し出ていたが、その際威仁親王は辞任の理由を、

皇太子の御近状を拝するに、御学問も進み、御自学の御精神も養成せられしのみならず、御性行上の欠点も矯正せられ、御病勢は漸次減退して、誠に慶すべき御状態に在り、この際、断然輔導を廃止し、独立心の御養成を図るを以て、最も急務な

りと信ず。況《いわ》んや、内外人をして、尚ほ輔導を要するが如く観察せしむる事は、帝室の為に好ましからざるに於てをや。

と説明した（『威仁親王行実』巻下）。すなわち、そろそろ皇太子の独立心を養成しないと皇室の評判を落としかねないと主張したのである。

独立心養成をねらう

嘉仁はすでに二十三歳。当時、庶民のほとんどが十代前半で社会の荒波の中に出て働いていることをふまえれば、威仁親王の意見の後半部分は十分に理のある考え方である。天皇もこの意見を正しいと認めたが、威仁親王に再考を求めた（同前）。わずか二年前には「御志操、未ダ定マラズ」という状況だった以上、天皇としては、嘉仁が本当に独り立ちできるのかまだ不安だったのである。

皇太子の人格

それに、一年前の三十五年五月の段階でも、伊藤博文の側近の一人であった伊東巳代《みよ》治《じ》が、伊藤から、「皇太子殿下の御性行等に付説話あり、恐れ多ければ故に略して之を記せず」（『翠雨荘日記』五月十三日）と、日記に書くことをはばかるような行動が見られるという話を聞いており、おそらくは老齢のため辞任した高辻にかわって、伊藤らの強い要請によって同年五月五日に式部官兼任のまま東宮侍従長に就任した木戸孝正が、就任当日の日記に「初メ予其難職なる〔を〕慮り固く辞したれとも」と書いているように、皇太子の人柄に問題があることは、宮中や政界上層部では定評となっていたのである。

威仁親王の死去

しかし、威仁親王は体調悪化のため再度辞任を申し出、六月十二日に天皇によって辞任が認められた。以後威仁親王は療養生活に入るが、回復することなく、大正二年七月に死去する。嘉仁皇太子は、三十七年以降、帝国議会の開会式や天長節観兵式など公的行事にも天皇とともに参加するようになるが、天皇の危惧が誤りでなかったことはこれから見る通りである。

各地への旅行

さて、旅行の話に戻ると、実施されたのはすでにふれた二回を含めて以下の十一回である（名称は原武史氏による）。

①北九州巡啓（明治三十三年十月十四日〜十二月三日）
②信越北関東巡啓（三十五年五月二十日〜六月八日）
③和歌山瀬戸内巡啓（三十六年十月六日〜同月三十日）
④山陰巡啓（四十年五月十日〜六月九日）
⑤南九州高知巡啓（同年十月二十三日〜十一月十四日）
⑥山口徳島巡啓（四十一年四月四日〜十九日）
⑦東北巡啓（同年九月八日〜十月十日）

⑧岐阜北陸巡啓（四十二年九月十五日〜十月十六日）
⑨栃木行啓（四十三年九月二日〜十二日）
⑩千葉行啓（四十四年五月十九日〜二十四日）
⑪北海道行啓（同年八月十八日〜九月十四日）

軍事演習の見学

ただし、東北巡啓は一部軍事演習の見学を兼ねていた。また、この間軍事演習の見学を主目的とし、地方見学を兼ねたと見られる旅行が次の通りあった（同右）。

①京都・滋賀・大阪巡啓（四十四年九月二十四日〜十月十二日）
②愛知・三重巡啓（同年十一月七日〜二十一日）
③京都・大阪・兵庫巡啓（四十四年十一月十六日〜二十二日）
④山梨行啓（四十五年三月二十七日〜四月四日）

このほか外国への公式訪問として四十年十月十日から二十三日までの韓国旅行（帰途はそのまま南九州高知巡啓となる）があり、そのほか軍事演習の見学など、軍事目的の旅行が四十一年から四十五年にかけて七回行われている。

軍事視察の増加理由

四十一年以降、軍事目的の行啓が急増するきっかけは、同年の東北巡啓にあったと考えられる。その際、嘉仁皇太子は青森で行われた陸軍の軍事演習を参観したが、すでに二十年近くも軍事教育を受けていたにもかかわらず、帰京後、天皇に演習の様子について詳しく質問されたのに対し答えに詰まってしまった。これは明治天皇の追悼本（『明治天皇御一代記』）にある話だが、ほぼ同様の話が当時の侍従武官上田兵吉の『明治天皇紀』編纂用内部資料としての回想（『「明治天皇紀」談話記録集成』第六巻）にもあるから、事実と考えられる。

軍事知識の不足

つまり、将来の天皇、すなわち大元帥として、任官後二十年近くたってからも軍事に対する知識や見識の水準があまりに低いことが軍事視察の激増をもたらしたのである。しかし、財部彪《たからべたけし》海軍次官が明治四十三年七月二十三日に東宮武官から、「陸海軍の御用掛等ガ進講スル軍事上ノ事等ハ、恐レナガラ毫《ごう》モ御会得アラセラル、ノ実ヲ見ル事ヲ得ザル」と聞いているので（『財部彪日記』）、事態はあまり改善されなかったことがわかる。

全道府県を巡啓

なお、三十六年から四十年まで空白期間があるが、これは三十七年（一九〇四）から三十八年まで日露戦争があったためである。結局、嘉仁皇太子は三十三年五月から六月にかけての三重奈良京都巡啓を含め、十三年間で沖縄以外の全道府県をまわったことになる。ただし、後半になると地方側の請願によって行くことが増えるので、すべてが教育的配慮による旅行ではなく、やや公式行事化していたといえる。

体調を崩す

これらの旅行のうち、一回目の北九州巡啓では、後半で瀬戸内地域も訪問の予定であったが、途中で嘉仁皇太子が体調を崩して兵庫県舞子の有栖川宮別邸で療養した。そのため瀬戸内訪問は取りやめとなり、三十六年に和歌山瀬戸内巡啓が実施された。

二回目の信越北関東巡啓は東北巡啓として計画されたが、旅行途中で東北地方に麻疹が流行し始めたため計画を変更し、さらに先述のように嘉仁皇太子が体調をくずしたため途中で打ち切りとなった。そのため七回目の巡啓として東北巡啓が実施された。

旅程編成を工夫

このように当初は旅行中に皇太子が体調を崩すこともあったが、次第に一日の移動距離を調整したり、設備のよい宿泊施設で連泊するなどの工夫が見られるようになる。実施時期をみると、初夏や初秋など、旅行に適した時期が選択されていることが目を引く。東北や北海道の巡啓の場合、嘉仁皇太子が住む東京がまだ暑い時期に実施されており、避暑旅行の性格も兼ね備えていたことがわかる。巡啓が成功していく要因として、威仁親王あるいは宮内省による旅程編成の工夫や時期の選び方を見逃すことはできない。

鉄道の発達

また、これだけの規模の行啓を虚弱な体質の嘉仁がこなせた最大要因として、この時期の鉄道の発達ぶりがあった（『大正天皇』）。明治十年代末から二十年代はじめまでの十数年で私鉄を中心に鉄道の営業キロ数は一〇倍以上増えて六〇〇〇キロに迫り、北九州

〜山陽〜東海道〜東北の幹線が通じ、鉄道はその他の地域に進出しつつあった。そのため、すばやい移動や、同じ地域に何度か行くことができるようになったのである。その背景には、政府の殖産興業の奨励に基づく民間の企業勃興熱、日清戦争の勝利により獲得した賠償金による政府の産業振興などがあった（『日本の鉄道』）。

2　国内巡啓の実態

各地の歓迎

一連の旅行は、その趣旨から当初は非公式の旅行（微行）とされていた。そのため予定の変更が珍しくなく、宮内省は形式ばった大がかりな歓迎はしないよう各地の官憲に要望した。しかし実際には各地の歓迎は盛大であり、有栖川の東宮輔導辞任後は公式訪問扱いとなることが多くなり、歓迎方法の形式化や規制が進んでいった（『大正天皇』）。

歓迎方法の規制

ただし、これを嘉仁や彼を迎えた一般の人々の思いを無視した官憲の権威主義的、一方的な行為であると考えるのは早計である。微行とはいえ、ほとんどの行き先で皇太子の訪問は初めてであり、天皇を主権者とする当時の日本において、次代の天皇が訪問するとなれば、一目見たい、わざわざこの土地を訪れてくれたのだから大いに歓迎したいと人々が考えるのはごく自然なことである。さらに官憲が人々の歓迎を規制していく要因をうかがわせる史料として、第一回巡啓時の際の三十三年十月二十日付『福岡日日新聞』の社説がある。

注意事項を示す新聞記事

「奉送迎に関する注意」と題するこの社説は、「今回の如く、高貴の御方が親く地方に臨まれ、地方官民の奉送迎を受けさせらる、場合に処して、能く敬礼の法を正ふするは邦人の未だ慣れさる所にして、動《やや》もすれば知らず識らず不敬の態裁〔体裁〕に陥る」、すなわち、地方の人間は高貴な訪問客の送迎に慣れていないため失礼な態度をとりやすいとして、

殿下御通過の際は、宜く謹んで態度を正ふし、脱帽正襟して敬意を表すべく、敢て或は煙草を吹き、或はステッキを携へ、或は胸、脛、腕を露はし、或は私語喃々〔おしゃべり〕耳より耳にさゝやく等の事などに留意せざるべからず。小学児童の如き、或者は無遠慮に鼻を啜り、或者は指し、又或者はヤー来たなどと無礼粗野の言動に出てざる様深く戒飭〔注意〕せんことを希望するなり。

と忠告し、「当局者の注意を守り〔中略〕克く敬愛の至誠を適当に発表するの法を講せざるべからず」と結んでいる。

この記事からは、なお一般民衆の意識や文化は遅れているとして、そうした面を見せ

るのは恥だという啓蒙主義的な意識が報道機関に見られたこと、すなわち、識者の間では官憲による一般の人々への規制が当然のことと考えられていたことがわかる。

気さくな皇太子

さて、皇太子が一連の旅行をおおむねはつらつとこなしたこと、見学先で気軽に人々に話しかけたことは、行き先の地方紙にかなり詳しく、しかも好意的に報道された（『大正天皇』）。たとえば、皇太子が見学ルートを突然変更し、路地などを通っていくのは「下民の人情、風俗を親しく御視察あらせられんとの思召に出でさせらるゝがためなり」（『信濃毎日新聞』三十五年五月二十四日付）、あるいは「皇室と人民の接近」（『新潟新聞』同年五月二十七日付、原『大正天皇』図版所収）といったものである。

気さくさの表裏

そして、そうした結果、嘉仁皇太子あるいは大正天皇の長所として気さくさをあげることが生前から一般的となっていた。しかし、この気さくさが彼の性格の一面に過ぎないことは、本書全体の叙述からわかるとおりである。また、そもそも見学旅行における嘉仁皇太子の一連の「気さく」な行為が本当に好意的に評価できるものであったかは疑問の余地が少なくない。原武史『大正天皇』でとりあげられた例のいくつかから考えてみよう。以下の引用は地元紙の新聞記事からのものである。

不用意な発言

北九州巡啓中のこと、熊本で生徒の寒中水泳を見せられた際、寒中水泳の意味がわからないままに側近に「彼らはさぞ寒かるべし」と述べ、行事は中止となった。さらに香椎宮境内で松茸狩りをした際、あまりにとれるため「殊更に植へしにはあらずや」と、いわゆるヤラセであることを見抜く発言をし、関係者をあわてさせた。

急な予定変更

また、信越北関東巡啓中の長野市内でのこと。人力車で師範学校から長野中学校に行く予定であったのに皇太子は突如地方裁判所の方向に向かい、裁判所の近くに来ると今度は高等女学校に向かった。しかも高等女学校に達する前にあぜ道に人力車を進ませ、予定外の大林区署（営林署）に到着した。新潟市でも午後に訪問予定の師範学校に突如午前中に訪問して学校側をあわてさせ、高田市では中学校を視察した際、同行した知事に同行の英語教育は不備であると指摘した上、知事が、西洋人を教師に雇えれば改善できる旨を答えると「ソレならば傭へばよいではないか」と知事をやりこめている。さらに、四十一年の東北巡啓の際には、仙台で地域の顕官たちに向かい、東北の方言について「きわめて不明瞭の節多し〔中略〕名詞にも動詞にも一般発音の上にて甚だ訛音多し。之を矯正するには如何にせば最も有功にして最も速かなるを得べきか」と差別的な発言をしている。

好意的な報道

嘉仁皇太子のこうした行動や発言が報道されたのは、それらが人々にとって印象的だったからであろう。ただし、憲法で天皇を神聖と位置づけ、刑法に不敬罪があったことを考えれば、新聞における皇太子への評価に好意的なもの以外はありえない。

人々の当惑

しかし、たとえば、急な道筋の変更は実は人々を戸惑わせるものであった。信越北関東巡啓で長野市の善光寺を訪れた際、山門から入る予定で警察の警備が行われ、寺の幹部もそこで待ちうけ、一般の人々も皇太子を一目見ようと山門周辺で待っていたところ、皇太子を乗せた人力車は「意外にも」山門ではなく別の小さな道から入ったため、「警官、奉迎人、拝観人の驚き一方《ひとかた》ならず」であった（『信濃毎日新聞』三十五年五月二十四日付）。この行為が嘉仁のその場の独断であることは、前後の文脈から見てまちがいない。

接待時の注意事項

これに先立ち、『信濃毎日新聞』は人々に対し「殿下御滞在あらせらる、中《うち》は勿論、御道筋の人々も予めいつ何《な》ん時《どき》、何処《いづこ》より御成あらせらる、やも難計《はかりがたき》と心得、謹慎以て狼狽不敬の失態に陥らざる様注意ありたきもの」（五月二十二日付）と注意を促しているが、常識的に考えて、敬うべき身分の人物が、いつどこから来るかわからないから常に注意しておけというのは、たとえ数日間のことであっても、大変迷惑なことである。それに、訪問を待っていて急にはずされた人々が落胆したことはまちがいない。

批判的発言の報道

さらに、視察先で批判的な発言をし、それが報道されることも、好意でこうした行事を準備した人々の面子をつぶしたり、心を傷つける行為である。ただし、そうした評価が当時報道されたり公言されることは先述のように全く期待できない。

軽率さの悪影響

ここで紹介しなかった事例も含め、嘉仁皇太子の気さくとされる行動や発言の多くは、他人に対する配慮を欠いた、あるいは皇太子という立場を十分にわきまえない軽率な行為といわざるを得ない。もちろん、嘉仁皇太子は、原則として修学中の身という位置づけで旅行していたから、多少の行き過ぎや誤りは許されるであろう。さらに、期待を裏切られたり人前で批判めいたことを言われたりした以外の人々の中には、嘉仁皇太子の言動や行動を気さくさととらえて好ましく思った人も少なくなかったであろう。しかし、直接関わった人々に不快感を残すことは、彼や皇室への信頼や尊敬の念を広めることにはつながりにくい。

皇太子としての資質

そしてまた、父明治天皇が嘉仁に対し心配し続け、時に叱責したこと、嘉仁に仕えたり接したりした人々の中に彼に対し好意的な印象を持たなかった人が少なくないことは、それらの人々の性格が頑迷固陋であるというような評価では済まされない、つまり嘉仁皇太子本人の資質に彼の立場にはふさわしくない面が多かったためと考えざるを得ない。もちろん、そうなった要因として、生来病弱で、まずは生きながらえることが優先され

たため、教育がおろそかにならざるを得なかったという、彼が背負った宿命があること
は留意しておく必要がある。

3 韓国行啓

皇族の外遊

次に、嘉仁皇太子にとって天皇時代も含め唯一の、そして史上初の皇太子の海外旅行となった明治四十年（一九〇七）十月の韓国行啓について、これも主に原武史氏の業績に若干補足しながらみておきたい。

明治維新以後、皇族の外遊や外国留学はすでに例があり、皇太子の洋行説も明治三十五年四月、そしてこの韓国行啓出発時に新聞で取りざたされていた（『読売新聞』）。

欧米外遊を希望

嘉仁皇太子自身、少なくとも明治三十二年には洋行を希望していた。たとえば、同年の詩作に「夢遊欧州」（夢で欧州に遊ぶ）と題する作品があり、「倫敦伯林遊観遍、文物燦然明憲章」（ロンドン、ベルリンを遊歴して文物や法令の完備したところを見た）などと詠っており、皇太子の漢詩の代表作として生前から新聞などにも公表されていた同年作の「遠州洋上作」（遠州の洋上に作る）の最後の句が「一躍雄飛五大洲」（一躍五大陸に雄飛したい）となっている。さらに、先に紹介したように、好んで唄った歌が「世界漫遊の歌」であった。

西洋への関心

嘉仁の西洋への関心は深く、欧米人との会食を希望したり、横浜の西洋人経営の店に洋服の仕立てを頼もうとしたこともあった。威仁親王は洋行を是認する立場で、嘉仁が洋行希望し始めた時期を考えると、威仁親王の影響による可能性が高いが、明治天皇は三十四年五月に威仁親王に対し、皇太子を洋行させると西洋一辺倒になるおそれがあるとして洋行を認めない意思を伝えていた（「昭和二年三月七日進講案」）。したがって、今回の韓国行啓は嘉仁の意向を踏まえて十分な準備の下に行われたのではなく、日韓関係の動向に伴い、急遽計画、実施されたものであった。

当時の日韓関係

すなわち、韓国は、日露戦争直後の明治三十八年十一月十七日締結の第二次日韓協約で外交権を日本に奪われたことによって日本の保護国となっており、日本の出先機関である韓国統監府の初代統監には伊藤博文が就任していた。しかし、皇帝高宗はこれに不満を持ち、オランダのハーグで開かれた万国平和会議に日本の非を訴える密使を送ろうとしたため、伊藤は、皇帝を伊藤に従順な純宗に代え、四十年七月二十四日に締結された第三次日韓協約で、すでに実質的に日本が手に入れていた内政への大幅な発言権をも公認させた。

日韓親善のための訪韓

伊藤はさらに「日韓親善」を名目に、実質的には一種の人質として、皇太子李垠を日本に留学させることとし、日本からは皇太子を訪問させることを考えたのである。明治天皇は、韓国内の反日運動の激しさから皇太子の安全に不安を覚えて反対したが、伊藤の説得に折れ、九月中旬に渡韓が決まった。その関係で、十月に予定され、すでに日程が関係方面に伝達されていた九州巡啓は予定が変更になった。

韓国を公式訪問

嘉仁皇太子は威仁親王、東郷平八郎元帥、桂太郎前首相らを従えて十月十日に東京を列車で出発、十三日に広島県の宇品港から軍艦香取に乗り換え、十六日に仁川に上陸した。仁川で伊藤統監や皇帝、皇太子の出迎えをうけ、列車で京城（現在のソウル）に入った。宿舎は統監官邸であった。二十日まで滞在して市内の名所や日本側の機関などを見学、高宗とも面会した。二十日は再び列車で仁川に戻って軍艦香取に乗り、慶尚南道の鎮海、日本の対馬をへて二十三日に佐世保に到着、以後そのまま国内巡啓に移った。今回は公式訪問であり、現地では厳戒態勢がとられていたので予定通り旅行は実施された。

現地の批判的な報道

現地の日本語新聞は皇太子訪韓を大きく扱い、歓迎の意を示したが、韓国の現地語（ハングル）新聞の中には「我が国の人民が、これらの条約〔第二次、第三次日韓協約〕を喜んでいないのは明白である。したがって他国に対して、韓日両国人民の間で条約が誠実に結ばれ、しっかりしたものになっているように見せることが究めて重要であるため、今回、日本皇太子殿下が来られたと考えるべきである」（原氏の翻訳を『大正天皇』より引用）と批判的な論評をするものもあったことにうかがわれるように、冷ややかな反応が少なくなかった。

皇太子訪韓は、無事終わったことで形の上では日韓親善を演出したが、実質的には韓国国民の対日感情を改善することにはなんらつながらなかった。日本軍と反日ゲリラの戦闘回数はむしろ増加し、伊藤も二年後にハルピンで暗殺されることになる。

韓国文化への興味

ただし、嘉仁皇太子自身はこれを機に韓国の文化に興味を抱いたらしく、留学してきた李垠とハングルで話したいとハングルを勉強しはじめたという。

なお、嘉仁皇太子が韓国行啓に続いて南九州高知巡啓を行い、久しぶりに一ヵ月を越す長い旅行を成功させ、途中まったく体調を崩さなかったため、彼の健康は完全に通常並みの良好な状態に達したと宮中でも一般にも考えられた（『読売新聞』四十年十一月十日など）。そこで彼の欧米外遊説が再び取りざたされることになった。

欧米外遊の報道

明治四十一年一月十五日付『読売新聞』の社説「東宮殿下の欧米各国御歴遊」は、韓国行啓後の皇太子は軽い風邪をひいたがすぐ治り、「昨今は極めて御健全」なので「今回愈々《いよいよ》晩春初夏の候を期し、欧米各国御歴遊の途に上らせらることに御治定あり」と伝え、皇太子の見聞を広める上で大いに有益であるだけでなく、「日露戦役後に於ける、日本帝国の地位は、各国の共に認むる所」なので「殿下の行啓とあらば、各国が如何に之を歓迎するかは殆ど想像の外なる可《べ》し」と論じた。皇太子の健康や修学のみならず、日本の国際的な地位向上をさらに確実にするためにも外遊を歓迎したのである。

欧米外遊は実現せず

ただし、この件については続報がなく、『明治天皇紀』にも記述がないので、外遊決定は誤報の可能性が高く、実際問題として外遊は実現しなかった。その理由についての史料は管見の限り見当たらないが、状況証拠から考えると、長途の旅行に嘉仁皇太子の身体が耐えられるか、彼の性格やふだんの振る舞いから、欧米で人々に軽蔑されないようなきちんとした態度で行動し続けることができるか、西洋かぶれにならないかなどについて、明治天皇を含む関係者たちが確信を持てなかったためと考えるほかはない。

第三　天皇として

一　大正政変

1　践祚

明治のかげり

明治天皇は、明治三十七年（一九〇四）ごろから糖尿病を、さらに三十九年からは慢性の腎臓病を発病していたが、当時は公表されなかった。一方、日露戦後恐慌から日本は容易に脱出できず、言論界の元老批判や社会主義的な動きが目立ちはじめ、四十三年には無政府主義者による天皇暗殺未遂事件（大逆《たいぎやく》事件）が起きた。日清戦争を機に確立していた明治天皇の威光に影が差し始めていたのである。四十二年十月、伊藤博文《ひろぶみ》がハルピンで暗殺されると、天皇はひどく落ち込み、四十四年十一月の福岡県での陸軍特別大演習に行幸した頃には体調も目に見えて悪化した（『明治大帝』『大正政変の基礎的研究』）。

明治天皇の病状

当時侍従《じじゅう》だった日野西資博《すけひろ》が『明治天皇紀』編纂のために大正十五年七月から八月にかけて臨時帝室編修局に対して行った回想談によれば、この時、周囲では天皇を療養させようと考えたが、医者ぎらい、療養ぎらいの明治天皇に直言できる側近はいなかった。そこで柳原愛子《なるこ》がその役を買って出て、「万一御上にどうかうあらせられましては、それこそ大変でございます。東宮様《とうぐう》も已《すで》に御年長であらせられますが、何分御幼少からの御病身であらせられますのみならず、何と申しても、まだ国民の信頼も如何かと存知上げます」と、詳しい診察を受けることと療養を薦めたが天皇は応じず、このころには「民心がだん〳〵弛廃して、いろ〳〵御心を痛めてござつた」ため、「わしなんぞ死んでもかまはぬ、ほつておいてくれ」とつぶやいたこともあったという(『「明治天皇紀」談話記録集』第一巻)。

明治天皇倒れる

この回想からは、明治天皇の周囲では、嘉仁《よしひと》が将来の君主としてはまだ国民から信頼されていないと判断していたことがわかる。しかし、明治四十五年七月、天皇は酷暑に耐えられず、ついに倒れた。天皇は七月十四日ごろから体調を崩し、不整脈が出始めた。十八日からは予定を中止して静養したが、十九日夜、椅子から立ち上がりかけたところで倒れ、意識が朦朧《もうろう》となった。宮内省は東大医学部の教授たちの応援も得て診察の結果、尿毒症と判明し、二十日朝、三十七年以来の経過とともに詳しい病状が発表された。

国内の混乱

知らせは号外などで瞬く間に人々に広まり、大きな驚きを持って迎えられた。株式相場は暴落し、この日予定されていた恒例の東京両国隅田川の川開きが中止されるなど、大騒ぎとなった。宮内省は以後一日数回にわたって病状を詳しく発表し、新聞に掲載された。こうした措置はすでに皇太子夫妻の病気や皇太后の死去時にも見られていた。各地の寺社や教会、さらに皇居前でも多くの人々が平癒を祈った。裕仁《ひろひと》ほか皇孫たちは葉山で静養中だったが二十二日に帰京して天皇を見舞った。嘉仁皇太子は水ぼうそうにかかって病床にあったが、快方に向かった二十四日に参内して天皇を見舞った。ただし天皇の意識は混濁したままであった。

皇太子の補佐体制

二十六日には、徳大寺実則《さねつね》内大臣兼侍従長と渡辺千秋宮内大臣が、西園寺《さいおんじ》公望《きんもち》首相と山県有朋《やまがたありとも》枢密院議長の同意を得て皇后に面会し、皇太子が「国政ヲ執セラル、節」は、皇后と伏見宮《ふしみのみや》貞愛《さだなる》親王で補佐してほしいと依頼した（「徳大寺実則日記」）。皇太子の摂政《せっしょう》就任、あるいは践祚《せんそ》が近いと見ての措置であったと考えられる。貞愛親王は当時陸軍大将で五十五歳、男子皇族の最年長者で海外経験も豊富であった（『貞愛親王事績』）。威仁《たけひと》親王が体調不良であった当時にあって、皇族中で嘉仁を補佐し得る唯一の人物であった。ただし政治的経験は皆無であった。いずれにしろ、すでに三十三歳になろうとしていた嘉仁皇太子は、君主としていまだ人々に信頼されるような存在ではなかったのである。

なお、こうした事態に備え、践祚の手続きの細目を定めた登極令や、摂政の設置手続きの細目を定めた摂政令などが明治四十二年に制定されていた。

明治天皇の死

医師団の懸命の治療や人々の祈りもむなしく、明治天皇の病状は悪化し、七月二十九日午後十時四十三分に死去した。享年六十一。当時としては長寿に属するが、健康に留意していればもう少し生きながらえたであろう。ただし、公式発表では七月三十日午前零時四十三分に死去したとされた。皇室典範では天皇が亡くなった場合、直ちに皇太子が次の天皇に就任する（これを践祚という）ことになっていたが、その日のうちに践祚するには準備時間が少なすぎたので、つじつまを合わせるための措置であった（『原敬日記』）。

なお、この天皇が正式に明治天皇と呼ばれるのは、八月二十七日に明治天皇という追号が勅定されてからのことで、それまでは生前は今上天皇、死後は大行天皇と呼ばれていた。ただし、本書では煩雑さを避けるため、一貫して明治天皇と記している。元号と同じ追号が行われたのは明治天皇が最初であり、以後この例が続いている。

嘉仁の践祚と大正改元

公式発表の死亡時刻から十七分後の三十日午前一時、嘉仁皇太子が践祚した。宮中正殿で剣爾渡御《けんじとぎょ》の儀が行われて、神器と御璽《ぎょじ》（天皇の公印）が新天皇に引き継がれ、枢密院《すうみついん》の会議を経て大正に改元する旨の詔書《しょうしょ》が出され、元号は大正となった。その出典について、正式には発表されなかったが、八月二日付『東京朝日新聞』に枢密顧問官細川潤次郎が、会議の際配布された書類に、典拠として中国古典の一つである『易経』の「大亨以正天之道」（大亨もって正に天の道）が記されており、調べてみるとその意味は中道が正しい道であるということだったと述べており、「大正天皇実録」もこれを典拠として挙げているので、『易経』を出典としていることは間違いない。以後、嘉仁皇太子を大正天皇と記す。同時に、皇室典範《てんぱん》の規定により、裕仁親王が自動的に皇太子となった。

廃朝

この日、翌三十一日から八月四日までの五日間は廃朝（天皇の政務停止）となり、政府は勅令《ちょくれい》によりこの五日間は刑の執行停止や歌舞音曲の停止を決めるとともに、葬儀を行うために大喪使という官庁を設け、総裁に貞愛親王、副総裁に渡辺宮相が任命された。

新天皇に対する政界の不安

明治天皇の死去直後、あるいはこの日の夜、「御政事向ノ事ニ付十分ニ申上ケ置ク事必要ナリ」として西園寺首相が山県と新天皇に会い、山県はあまり話さなかったが、西園寺は「十分苦言ヲモ申上ケ」、新天皇は「十分注意スヘシ」と答えた（『影印原敬日記』大正五年四月五日、以下『原敬日記』と略記）。先の皇后、貞愛親王への内大臣を通じての申し入れとともに、政界上層部の新天皇への不安ぶりがわかる。

山県有朋

なお、山県がこの席で話さなかったのは、山県が新天皇にあまり好かれていなかったためと考えられる。山県は明治二十九年末ごろ、沼津御用邸で静養中の嘉仁皇太子を訪れ、「君道論」、すなわち、君主としてのあるべき姿を説いたところ、皇太子は山県が酒によって暴言を吐いたと言いふらした。威仁親王が驚いて事実関係の調査に乗り出したため、山県は伊藤博文を通して威仁親王に事情を説明して事なきを得た。山県はそのほかにもことあるごとに健康や結婚した場合の妻との接し方、君主としての振舞い方について意見を述べていた（「大正天皇と山県有朋」）。しかし、少なくとも二十九年以降山県と新天皇は関係が悪く、山県は、この際は西園寺に説得してもらう方が効果的と判断して黙っていたと考えるほかはない。

山県有朋

朝見の儀

三十一日午前十時、登極令の規定に基づき、朝見式（朝見の儀）が行われた。皇居正殿に西園寺首相、山県枢密院議長、成年皇族、宮内省高官、宮中顧問官や枢密顧問官、在京中の陸海軍高官や大臣、貴族院議員、各省次官、在京中の地方長官など数百名（多くは夫人同伴）が参列し、大正天皇は改元に次ぐ国務として、践祚したことを内外に宣言する朝見式勅語を読み上げて式は終わった。この勅語は、この時点での国家としての明治天皇の位置づけと新天皇の統治方針が明示されたという意味で重要なので、原文を引用した上で要旨を示す（ふりがなは、八月一日付『東京朝日新聞』のものを参考とした）。

朝見式勅語

朕《ちん》俄《にわか》ニ大喪《たいそう》ニ遭《あ》ヒ哀痛極《あいつうきわまり》リ罔《な》シ。但《た》タ皇位一日《じつ》モ曠《むなし》クスヘカラス、国政須臾《しばらく》モ廃スヘカラサルヲ以《もつ》テ朕ハ茲《ここ》ニ践祚《せんそ》ノ式ヲ行ヘリ。顧《おも》フニ先帝睿明《えいめい》ノ資ヲ以《もつ》テ維新ノ運《うん》ニ膺《あた》リ万機ノ政《まつりごと》ヲ親《みづか》ラシ、内治ヲ振刷《しんさつ》シ外交ヲ伸張シ、大憲ヲ制シテ祖訓ヲ昭《あきら》ニシ典礼ヲ頒《わかち》テ蒼生《そうせい》ヲ撫《ぶ》ス。文教茲ニ敷キ武備爰《ここ》ニ整ヒ庶績咸煕《しょせきみなひろま》リ、国威維揚《これあが》ル。其《そ》ノ成徳鴻業《こうぎやう》万民具《とも》ニ仰キ列邦共ニ視《み》ル。寔《まこと》ニ前古未《いま》タ曾《かつ》テ有ラサル所ナリ。

朕今万世一系ノ帝位ヲ践《ふ》ミ統治ノ大権ヲ継承ス。祖宗ノ宏謨《こうぼ》ニ遵《したが》ヒ、憲法ノ条章ニ由《よ》リ、之《これ》カ行使ヲ愆《あやま》ルコト無ク、以テ先帝ノ遺業ヲ失墜セサランコトヲ期ス。有司須《すべか》ラク先帝ニ尽シタル所ヲ以テ朕ニ事《つか》ヘ臣民亦《また》和衷協同シテ忠誠ヲ致スヘシ。爾《なんじ》等《ら》克《よ》ク朕カ意ヲ体シ、朕カ事ヲ奨順セヨ。

前天皇を賞賛

すなわち、亡き天皇の治績は、憲法制定や教育、軍隊の整備など、国の威信を大いに高め、内外から尊敬を集めるような、これまでにないほどすばらしいものだったので、その功績を無駄にしないように努めたい旨を述べている。即位にあたり、このように前の天皇の業績を長々と紹介して賞賛することは、きわめて異例のことであった。

この勅語の内容は、要するに、明治天皇の残した業績を維持していきたいという、非常に慎ましやかな内容となっていた。もちろん起草は宮内省の担当者によるものではあろうが、最終的には大正天皇もこの内容で承認した上で勅語となって本人が朗読しているはずなので、大正天皇の意向でもあるとみなせる。そしてこの勅語は、皇太子時代の大正天皇が父明治天皇に頭が上がらなかったことを考えると、非常に素直な内容になっていることがわかる。大正天皇には父の遺産が重くのしかかっていたのである。

明治天皇の評価

そして、事実として、明治年間の日本の発展ぶりは驚異的なものであり、当時もそのように認識されていた。すでに七月二十九日、三十日付の各紙は明治天皇の重態や死去を伝える記事の中で、憲法制定や議会開設、教育の普及、二度の戦勝や領土の拡張などをあげて明治天皇の業績を「空前曠古《こうこ》の盛事」「明治の中興」などと評し、明治天皇についても「古今不世出の英資」、「聖天子」などという言葉を使って高く評価していた

（『新聞集成大正編年史』）。朝見式の勅語は西園寺らの「苦言」だけでなく、こうした明治天皇への社会的評価をもふまえて作られたことはまちがいない。

外国紙の報道

外国の新聞でも同様の報道がなされ、各国首脳の追悼談話なども同じような趣旨だったことは、『明治天皇紀』をはじめ諸書で指摘されているが、たとえばイギリスの代表的な高級紙『タイムス』は、三十日付紙面で死去を報じるとともに、アジア関係の記事としては異例にも半頁にわたって明治天皇の治績を紹介しており、アメリカの有力紙の一つ『ニューヨークタイムス』（三十日付）では、やはりアジア関係記事としては異例にも一面で死去が報じられ、三面では紙面の三分の二を使い、天皇皇后、皇太子夫妻の顔写真まで入れて明治天皇の治績や各国首脳の追悼談話を載せている。

明治時代の経済成長率

また、経済成長率のような概念がない当時において、国力の発展ぶりがどのように認識されていたかは、新聞の追悼記事や、数多く出版された明治天皇追悼本をみるとわかる。たとえば七月三十一日付『大阪朝日新聞』の「御在位中の国富膨張一班」は、「振古未曾有の大膨張」として、内地人口は二倍（三二〇〇万人から六二〇〇万人）、国家財政は二〇倍、貿易は三六倍、会社数は明治二十八年からで五倍、資本金は八倍、汽船は明治三年の三五隻、総トン数一万五〇〇〇トンから一二二五隻、約一五〇万トンに、工場数は一万六〇〇〇、工員数は一〇〇万人、工業生産額は二〇億円を超えているなどと列挙している。ちなみに、現在では明治年間の経済成長率は四〇パーセント弱という、米英に次ぐ高率だったと考えられており、国民総生産は実質で一〇倍となったという試算もある（『近代日本経済史要覧』）。

多数の談話

さらに、三十日から八月六日ごろまでの各紙には、明治天皇に直接仕えたり、接したことのある人々による、明治天皇の人格のすばらしさを讃える談話や記事が多数掲載された。もちろんこうした挿話はこれまでも少しずつ公表されており、それらによって日清戦争を機に明治天皇の名声は確立していたといってよいが、死去にあたって従来未公表の話を含め、集中的に公表されたのである。その後大喪《たいそう》前後にかけて今度は追悼本のたぐいが多数出版されていくが、これらにも新出のものを含め、多数の挿話が収録されることになる。

理想的な君主像

具体例を列挙する紙数はないが、明治天皇が、政務に関してきちんと内容を理解、納得した上で裁可していたこと、政務上の上奏や書類に問題があったと指摘した場合も、その指摘が適切であり、しかも相手の面子を傷つけないよう工夫して指摘したこと、国民や出征兵士の境遇に配慮して贅沢な生活をできるだけ避けていたこと、人事に関して、いったん信用した人物を見捨てることはなかったことなどが目立つ。こうした言説状況から浮かび上がってくる明治天皇の人物像は、人々が治者に期待するような徳性と知性を持った理想的な君主というものである。

明治天皇の政治姿勢

重要なことは、こうした人物像の根拠となった挿話は、若干の脚色がある場合もあったものの、すべて事実に基いていることである。特に、明治天皇の政治についての具体的な関与や発言がかなり多かったことは、最近の研究でわかってきている。それらの事例から、明治天皇は、遅くとも憲法公布までには、政治についての意見も当時の周囲の職業政治家や軍人たちと対等に議論できるだけの水準に達し、しかも相手を傷つけない気配りができたことがわかる。だからこそ周囲の人々から尊敬を得、それが報道などを通じて国民に広まるという形で、偉大な君主として理想化、神話化されることになっていったのである。こうした人物の後任となることがいかに重圧となるかは容易に想像がつく。大正天皇は不利な条件のもとで治世を始めなければならなかったのである。

新天皇の人物像

なお、この時期の新聞には、新天皇の人物像についての記事ももちろんあったが、分量的には明治天皇追悼関係記事の一〜二割程度であった。出生から践祚までの生涯を簡単になぞったものか（もちろん幼少時に虚弱だったことは明記されている）、青山御所と皇居の往復ルートが繁華な通りのため、往来時に迷惑にならないようルートを変更したことを「叡慮」などと賞賛する記事（八月四日付各紙）、大喪の葬列に新天皇が参列することを前例のない「御孝心」と賞賛する記事（八月七日付各紙）などである。ただし、最後の葬列参加説は事実無根とされ（『東京朝日新聞』八月十一日付）、実現しなかった。

天皇誕生日の報道

なお、大正天皇として最初の天皇誕生日となった八月三十一日の各新聞には、大正天皇の人物像に関する詳しい記事が掲載された。たとえば『東京朝日新聞』には、六時に起床し、皇居に出向いて十時から十二時まで政務をこなし、午後は青山御所に戻って子供たちとの散歩か新聞（外国新聞を含む）を読んで十一時就寝という日課が紹介されていて興味深いが、倹約に努めているとか、学習院時代の成績は優秀で、特に数学に造詣が深いなど、虚偽の話が多い。

朝見式の模様

さて、朝見式の模様であるが、八月一日付『東京朝日新聞』には、参列者の一人加藤弘之《ひろゆき》（洋学者、枢密顧問官）の、「勅語を賜りたるが、玉音朗らかにして落着のましまし、何処となく先帝と御肖通《に》はせ給へる」などという談話が掲載されている。

財部彪の日記

しかし、朝見式に参列した財部《たからべ》彪《たけし》海軍次官の当日の日記には、「朝見ノ節ノ天皇陛下ノ落付カセラレザル御体度ハ目下御悲痛ノ場合左ル事ト申シナガラ、昨日来ノ御体度ニ就テハ、涙傍佗タリシ老臣（米田侍従ノ如キ）モアリタリト云フ」、つまり、朝見式だけでなく践祚以来の大正天皇の態度に落ち着きがないこと、そのことを情けないとして泣き出す侍従（米田虎雄）もいたことが記されている。「老臣」の例を特に記していることから、財部自身も大正天皇の態度に頼りなさ感じていたことがうかがわれる。

落ち着きのない天皇

さらに、この日の『読売新聞』は、「御朗読中御中絶」という見出しのもとに、「某子爵」の、「聖勅御朗読中幾度も御中絶遊ばされたるを拝し奉《たてまつ》りたり。御心中拝察し奉ればば今更に恐懼《きょうく》に堪へず」という談話を載せている。財部日記の記述と考え合わせれば、これが事実だったと考えられる。大正天皇は践祚の時点で、君主としての信頼や尊敬を獲得することができなかったのである。

勅語の朗読

大正天皇はその後も勅語の朗読は苦手だった。それは、大正七年の紀元節の儀式に参加した元軍医総監（当時貴族院議員で日本赤十字社社長）石黒忠悳《ただのり》が山県有朋宛の書簡で、「本日聖上陛下之勅語はいかにも重く鎮けく、御音調流暢に、真に帝王之御語とはいつも斯くあり度しことと奉拝聴候。御即位已来微臣拝聴いたし候勅語にて本日ほど重々鎮々被為在候事は未た嘗てなく」（『山県有朋関係文書』一）と書いていることからわかる。

2　内大臣更迭と大喪

天皇の補佐体制

三十一日以後、宮中では、拝訣の儀、殯宮（皇居正殿があてられた）に遺体を移しての天皇・皇后・皇太后・皇族、政府高官などの拝礼（通夜に相当）などの葬送儀礼が進んでいくかたわら、天皇補佐体制の変更も行われた。八月十三日、徳大寺にかわって前首相桂太郎が内大臣兼侍従長に就任したのである。この人事は大正天皇の治績に大きな影響をもたらすので、やや詳しく見ておきたい。

内大臣の後任人事

徳大寺はこの時点で七十一歳という高齢であり、すでにたびたび辞意を漏らしていたから、代替わりを機に引退するのは不思議なことではない。問題は後任人事である。

侍従は、基本的に天皇の面会者の取次ぎ役や天皇の旅行時に身の回りの世話をしたり、天皇の代理として出張したりする役目を持つ役職であるから、侍従の責任者である侍従長は、少なくとも建前上は政治的に動く余地はない。一方、明治十八年、内閣制度の制定とともに設置された内大臣は、形式上は天皇の御璽（公印に相当）や書類を管理する役目であるが、常にそばにいて天皇を補佐することにもなっており、天皇の政治的な補佐役としての役割もあった（「内大臣の基礎研究」）。

内大臣徳大寺実則

初代内大臣は、内閣制度制定に伴って廃止となった太政大臣を務めていた三条実美《さねとみ》が就任したが、明治二十四年二月に三条が死去すると、上級貴族出身で、明治四年以来侍従長を務めていた徳大寺実則が内大臣を兼任した。徳大寺はおおむね明治天皇と政府の間の伝言役に徹し、ほとんど政治的に動くことがなかったため、明治天皇から絶大な信頼を得ていた（「徳大寺実則の履歴について」）。そのころすでに明治天皇ははっきりと政治的な意見を持つようになっており、政治上の補佐役を側近に持つ必要がなくなっていたのである。徳大寺が長年にわたり内大臣を兼任した結果、本来単なる取次ぎ役に過ぎない侍従長はもちろん、内大臣も政治的に動くべきではないという観念が政界に生じていた。

元老会議

天皇の下問に基づき、八月十一日、元老、すなわち、山県有朋、井上馨《かおる》、松方正義《まつかたまさよし》、大山巌《いわお》の四人が集まって後任の人選のための会議が行われた。山県と井上は長州出身、松方と大山は薩摩出身で、山県と大山は陸軍長老、井上と松方は財政通である。このうち山県は最年長で、しかも枢密院議長という重職についており、事実上筆頭格であった。

後任は桂太郎

『財部彪日記』によると、山県が後任に桂を推挙し、異論なくすぐに桂に決まった。外遊中だった桂は、明治天皇死去の報を聞いて急遽帰国の途につき、この日早朝帰京したばかりだった。後任人事の日程は、桂の帰国日程に合わせたものだったのである。もともと、西園寺首相も山県も、徳大寺がやめる場合の後任には桂を望んでおり、明治天皇も桂を気に入っていたらしい（『公爵桂太郎伝』坤巻）。

山県有朋の思惑

桂は長州出身の陸軍軍人で、山県の第一の子分であった。日露戦争直前に初めて首相となり、衆議院の過半数を占める政友会との協調なくしては施政を推進できないため、政友会総裁西園寺公望と交互に政権を担当するという桂園《けいえん》時代を続けていた。しかし、日露戦後恐慌による財政難の解決から逃げる形で明治四十四年八月に西園寺に政権を譲ってからは、政友会に頼らずに自前の強力な政権を作ることをめざし、軍や官界だけでなく衆議院の非政友勢力にも勢力拡大を図りはじめた。そのため、西園寺からも、政党嫌いの山県からも目障りな存在となっていた。したがって、この人事には、徳大寺の後任に送り込むことで事実上桂の政治生命を断つねらいが込められていた。少なくとも山県がそうした意図を抱いていたことは確実である（『桂太郎』『貴族院と立憲政治』）。

人事の影響

本当のところ、政治に不慣れな新天皇に政治的に傷がつかないよう補佐していくという意味での内大臣には松方か大山が適任者であった（井上はすでに病身）。いうまでもなく彼らは桂より年長で、人生経験も政治経験も桂より豊富であり、しかも事実上政界を引退していた。それに大山はすでに東宮職監督など、大正天皇に関係する職も経験していた。実際、松方と大山はのちに内大臣になるのである。ここで桂を就任させて大正初期の政治を混乱させ、さらに大正天皇の政治的威信の獲得を妨げた、山県と西園寺の政治的責任は重大である。

社説の反桂論調

さて、この人事は大きな反響を巻き起こした。新聞はこの人事を大きく扱い、社説で論じるのはもちろん、解説記事や政界関係者の反応も多数掲載されている。社説や解説記事、政友会系の政治家の談話では、渡辺千秋宮内大臣も山県系であることをふまえ、山県が宮中を掌握して政党政治を阻害しようとしているとして警戒する論調や、桂は元来政治的野心を持つ人物であるので、この際桂は政治的野心を捨てるべきだなどと、桂が自身の政権欲のために天皇を利用するのではないかという危険性を指摘し、「宮中府中の別」を強調する論調が目立つ。その一方で、国民党の大石正巳《まさみ》、中央倶楽部の安達謙蔵《けんぞう》など、親桂系代議士たちの談話は、政治に不慣れな新天皇の補佐役には政治経験の豊富な人物がよいので桂は適役という論調で桂を弁護した（『新聞集成明治編年史』『東京朝日新聞』『読売新聞』）。

山県の宮中支配陰謀説

山県の宮中支配陰謀説は、事実関係を考えれば正確とはいえないが、当時すでに新聞では元老、特に山県に対する批判が激しくなっていた。今回の践祚にあたっても、八月三日付『東京朝日新聞』が、「新時代には新人物」と題する社説を掲げ、いまだ政治は天保《てんぽう》生れの元老たちや、嘉永《かえい》生れの西園寺、弘化《こうか》生れの桂が動かし、明治生まれの大臣はまだいないとして、「世界列強の進歩に遅れざらんと欲せば、勢ひ新人物の力に待たざる可らず。吾人は英邁なる新皇帝の勇断を以て新人物の活躍する新時代の一日も速かに来たらんことを期待して止まざる」と論じたことをみても、いかに元老、中でも山県が一般社会から批判的に見られていたかがうかがわれる。

補佐体制に関わる勅語

なお、桂の人事と同じ日に、伏見宮貞愛親王と有栖川威仁親王には、長年国家に貢献して徳望が高いので、「卿宜シク師佐」、つまり補佐せよという勅語が、元老たちに対しては、先帝に長年仕えたあなたたちの補佐が必要であるという意味の勅語が、首相には、内外多事なので、「宮中府中宜シク協力相裨補シ以テ朕ガ事ヲ賛襄スベシ」、つまり、宮中府中で協力して自分を補佐するようにという勅語が下された。このうち元老への勅語は、明治天皇により元老と認められていた四人が今後も元老であり続けることを確認する意味があったが、この勅語発布は山県の発案であった（『財部彪日記』八月十一日）。ただし、「宮中府中宜シク協力」という文言については、「宮中府中の別」という観点から問題だという意見が海軍部内で出ていた（同八月十三日）。

山本権兵衛

その直後の山県の新聞記者に対する、「優渥なる勅を賜り微臣に於て恐懼措く処を知らず」などという談話（『読売新聞』八月十五日付）はなんとも白々しいが、日露戦争時の海相で当時軍事参議官、薩摩閥の中で松方・大山に次ぐ人物と目されていた山本権兵衛が、海軍の後輩で同郷の財部に向かい、「今上帝ノ御代ト為リテハ恐ナガラ山県公如キ人アル方、国家ノ御為也、然ラザレバ万々一御我儘ニテモ募ル事アリテハ甚ダ大事ナリ」（『財部彪日記』同日）と述べているように、大正天皇の治世においては山県のような存在は必要だという認識も政界上層部には少なからずあったのである。それだけ政界上層部において大正天皇は信用がなかったのであり、皇太子時代の振る舞いがよく知られていたのである。

大正天皇への不信感

なお、山本は、のちに二個師団増設問題で西園寺内閣が倒れて後任問題が紛糾中の十二月十日、松方に対し、「陛下ノ思召トハ云へ、夫ハ先帝ノ場合トハ恐レナガラ異ルトコロアリ。自分ノ所信ニテハ仮令《たとい》御沙汰ナリトモ出盧国家ノ為ニ不得策ナリト信ズレバ御沙汰ニ随ハザル方却テ忠誠ナリト信ズ」（『財部彪日記』）と、大正天皇の政治的意思への不信感をさらにあけすけに表明してもいる。

明治天皇の葬儀

さて、こうした動きの間にも明治天皇の葬儀の準備が着々と進んでいた。八月六日、西園寺首相と渡辺宮相の名で、葬儀は九月十三日から十五日まで行われること、陵墓は京都の桃山に作られることが正式に発表され、準備が本格化した。陵墓の場所は明治天皇本人の希望によるといわれる。葬儀の場所は青山練兵場となった。葬儀予算一五四万円あまりは八月二十一日から二十四日まで開かれた臨時議会で可決された。

各国の参列者

今回の葬儀には、諸外国から王族や特派大使が参列した。王族ではドイツからはハインリッヒ親王、スペインからボルボン親王、イギリスからコンノート親王の三人が来日した。孝明天皇の時には考えられなかったことであり、それだけ明治年間に日本の国際的地位が高まったことを意味していた。大正天皇はこうした王族の接待にも追われることとなった。

葬場殿の儀

九月十三日夜八時、新天皇らに見送られて長大な葬列が皇居を出発した。死者を夜に葬送するという古来の日本の習慣が採用されたのである。日露戦争の英雄で学習院院長をつとめていた乃木希典《のぎまれすけ》が市内の自宅で妻とともに自刃したのはこの時のことで、衝撃的なニュースとして大喪とともに大きく報じられていく。葬列は、三時間かけて市内をパレードする形で青山練兵場に設けられた葬場殿に移動した。追って葬場に天皇・皇后なども到着し、十一時十五分から葬儀にあたる葬場殿の儀が始まり、大正天皇は弔辞にあたる御誄《ごるい》を朗読した。国民すべてが悲しんでいるという趣旨の短いものであるが、『明治天皇紀』第十二には、「玉音低くして哀愁極まる所を知らず、参列の諸員皆嗚咽す」と記されている。

伏見桃山陵

そのあと参列者が拝礼などをして、十四日零時四十五分に式は終わった。棺は葬場に設けられた仮駅で霊柩列車に載せられ、午前二時、天皇名代の閑院宮載仁《かんいんのみやことひと》親王、大喪使総裁の貞愛親王らが同乗した列車は天皇らに見送られて京都に向けて出発、午後五時十分、京都の桃山仮停車場に到着、棺は伏見桃山陵に葬られ、十五日朝までに一連の儀式が終わった。東京での葬列や、霊柩列車が走った沿線では多くの人が見送りに出、新聞も弔辞を掲げるとともに一連の儀式の様子を詳しく伝えた。

映画

葬儀の様子は映画にもなって各地で上映されたが、多くの場合、併映されたのはなんと当時大人気となっていたフランス製の強盗映画「ジゴマ」、あるいはその便乗企画の日本映画であった。一連のジゴマもの映画は子供への悪影響を心配する声が出たため十

ジゴマ人気

月に上映禁止となる。このジゴマ人気には、この映画を小説化した出版物の氾濫も大きな要因であった（『怪盗ジゴマと活動写真の時代』）。大衆が主役となる社会（大衆社会）の到来の兆候はすでに日露戦後の日比谷焼き討ち事件のころからあったが、ジゴマ問題はそうした大衆社会化の波がさらに高まりつつあったことを示すできごとだった。明治天皇の死とほぼ同時にこの問題が起きたことは偶然とはいえ、やはり時代の変化を象徴する事態ではあった。

　こうして大正天皇は践祚後最初の大きな仕事を済ませたが、ほとんど休む間もなく、政治紛争の渦中の人となる。

『明治天皇紀』編纂

　なお、明治天皇の追悼関連行事はこれで終わったわけではない。皇室主導の形で実現したものとしては伝記（『明治天皇紀』）の編纂がある。大正三年十二月に宮内省に臨時編修局（五年十一月臨時帝室編修局に改称）が設置されて準備がはじまり、大正九年五月から執筆作業にはいった。しかし単なる伝記ではなく、明治史としての性格も持つという編集方針のため、作業は当初予定の五年では終わらず、昭和八年九月にようやく完成することになる（『「明治天皇紀」談話記録集成』第九巻）。

明治神宮の建設

　また、民間主導で実現した事業として明治神宮の建設がある（『明治神宮の出現』）。陵墓の代わりになる記念施設を求める東京の政財界有志の動きがきっかけとなり、政府は大正三年二月に、東京の代々木に本殿を含む内苑を政府の手で、葬儀会場となった青山練兵場に民間（明治神宮奉賛会）の手で外苑を建設することに決定する。

内苑（明治神宮）は大正四年十月に起工して九年十一月に完成、明治天皇は名実ともに神格化されたことになった。完成時には多くの人が参拝に押し寄せて死傷者が出る騒ぎとなり、以後、明治神宮は初詣時には日本有数の人出を誇る神社となった。外苑（神宮外苑）も七年六月に起工して十五年九月に完成した。野球場や競技場が備えられ、六大学野球や明治神宮体育大会（国民体育大会の前身）が開催されるようになり、スポーツの場として定着していく。明治天皇は、明治神宮の出現によって絶大な人気を保っていくことになったのである。

3　大正政変への対応

大正政変（第一次護憲運動）とは、大正元年（一九一二）十二月五日、二個師団増設問題をめぐる閣内不統一による西園寺首相の総辞職表明から、二十一日の第三次桂内閣成立を経て、大正二年二月十一日に桂が辞意を表明し、二十日の第一次山本権兵衛内閣成立までの一連の政権交代劇と大衆運動をさす（以下、特に断らない限り、『大正政変の基礎的研究』）。その過程では、践祚直後の大正天皇が重要な役割を担わされることになった。

山県は倒閣を企図

もともと政党政治に否定的で、政友会中心の第二次西園寺内閣の施政に不満を持つ山県有朋は、病気の石本新六にかわって同年四月に陸相に就任した上原勇作に、かねてから懸案だったものの、海軍の増強や財政整理が優先されたため先送りになっていた二個師団増設を政治問題化させることで倒閣をねらった。

陸相人事により総辞職

十一月二十二日、それまで有力閣僚に根回しをしていたが同意を得られなかった上原は、閣議に二個師団増設要求を持ち出し、拒否されると、十二月二日、単独で辞表を天皇に提出した。天皇は辞表を受理せず、翌三日に西園寺首相を青山離宮に呼んで事情を聴いた。参内後、西園寺は山県を訪ね、後任陸相の推薦を依頼した。当時軍部大臣については現役武官制がとられており、陸軍の大御所的存在である山県の承認がなければ後任陸相を得ることはできなかった。しかし山県は後任推薦を拒否、十二月五日、西園寺は二個師団増設をめぐる紛糾で陸相の後任が得られないという理由を明記した天皇への上奏文を添えて閣僚の辞表を取りまとめた。総辞職を表明したのである。

「維新の開始」

この日の『東京朝日新聞』の社説は、「大正政治的維新の開始」と題し、今回の倒閣は閥族軍人によるもので憲政の危機であり、この政変が「維新」、つまり、閥族政治清算のきっかけとなることを望むという趣旨を論じた。この「維新」という言葉が明治維新の連想から来ていることは明らかで、天皇の代替わりが元老政治打破、あるいは政党政治確立の好機とみなされたのである。

天皇の下問

さて、大正天皇はここで後任問題について桂内大臣に下問、桂は十二月六日、後任を天皇に推薦するための元老会議を招集した。桂と西園寺が交代で首相を務めてきたこここまでの数年間、首相の交代の際、元老の承認を得た上ではあったが、前任首相が天皇に後任首相人事の推薦を行っていた。元老政治からは脱却しつつあったのである（「山県系官僚閥と天皇・元老・宮中」）。そうした経緯はその都度新聞で報じられていたから、大正天皇も皇太子時代に知ることができたはずである。しかし、西園寺が後任を推薦しなかったことから、大正天皇はこのとき首班選定への元老の実質的関与を復活させた。ジャーナリズムで元老批判が高まっていた当時にあって、大正天皇は「維新」どころか、時計の針を逆に戻すような印象を世論に与えかねない措置をすることになってしまった。

元老の関与復活

桂の出馬

元老会議に参加したのは病気中の松方を除く、山県・井上・大山と桂である。会議は難航し、十七日まで計十回開かれた。最初は西園寺留任説も出たが、西園寺は固辞し、他の候補も固辞したり難点があるとされた。その結果、十二日になって桂に白羽の矢が立ち、十七日に桂も出馬を承諾した。ただし他の候補の辞退には桂配下の政治家たちの暗躍があったので、桂が自分の出馬となるように工作したと考えられる。内大臣は自らは政治的に動くべきではないという当時の観念からは異例の事態が起きたのである。

桂の野心

そもそも桂は、内大臣の仕事に熱意を持てなかった。桂の伝記には、君徳養成のため日課や進講の予定を組んだなどと、内大臣としての精励ぶりが記されているが、新聞では就任直後から桂が政客たちと会談を重ねていることが報じられて、なお政界への野心十分と見られていたし、二個師団増設問題をめぐり山県・上原・陸軍と、内閣・政友会の間の交渉役を嬉々としてつとめる桂の姿を見た原敬内相も同様の見方をしていた。

桂　太　郎

予備役編入

また、桂は十月十六日付の山県宛の書簡で「随分意外之事も多々有之容易之事は無之候」と弱音を吐いているし、十一月一日付の山県宛書簡では、十一月二十八日付で停年満期を迎えるのを機に予備役編入を考えていたのに、突然天皇から元帥の称号付与を持ちかけられて困惑した旨を記している。元帥となれば終身現役であり、軍人の政治不関与をとなえる軍人勅諭がある以上、政党結成などおぼつかない。同じ手紙で、桂は、大正天皇に対し、「右等重大なる人事上に関しては将来容易に御沙汰不被為在候様」釘をさしたと書いている（『山県有朋関係文書』二）。桂は、天皇の申し出を天皇の気まぐれとみなして応じなかったのである。桂は、予定通り十一月二十八日付で予備役に編入された。

天皇としての力量

桂が書いた通り、これが大正天皇の単なる思いつきであった可能性が高いが、大正天皇は新聞を読んでいたとされるので（『東京朝日新聞』大正二年一月一日付「雲上御消息」）、この行動は、新聞各紙の桂批判論をふまえてそれなりに考えた上でのもの、つまり桂の封じ込め策だった可能性もないわけではない。ただし、桂に釘を刺されて一件が終息してしまったということは、仮に大正天皇にそれなりの考えがあって元帥号付与を持ちかけたとしても、桂に拒絶された際、桂を説得できるような政治的な議論ができなかったことを意味する。きちんとした天皇教育がなされていれば、あるいは皇太子時代に次代の天皇としての信頼を周囲や政官軍から得ていれば、事態はまた違ったかもしれないことを考えると、大正天皇の政治的力量のなさ、君主としての信用のなさがここに露呈したといわざるを得ない。そしてこれ以後、天皇は桂の首相退陣まで桂の言いなりになるのである。

貞愛親王の内大臣府出仕

白羽の矢が立った桂は、さっそく十七日、天皇に対し、首相復帰を許す勅語を自分に対して下させ、組閣工作に入った。空席となった内大臣職にはすぐには後任が任命されず、貞愛親王が事実上の内大臣代理である内大臣府出仕に任命された。その間の事情は明らかではないが、仮に松方・大山などが人選に上がったとしても彼らは固辞し、また威仁親王はすでに病身のため、暫定的にこうした人事となったと考えるほかはない。

内大臣の代理

しかし、内大臣が代理となり、しかも就任した人物が政治責任を負うことを避けるべき皇族であり、さらにその人物が政治経験が皆無に等しいということは、この難局を乗り切るべき大正天皇には不利となった。事実上周囲に助言者がいないも同然であり、よほど周囲に信用があるか、政治について説得力のある議論を展開できなければ、元老や首相の言いなりになるしか選択肢がなくなるからである。なお、やはり空席となった侍従長には、侍従職幹事（侍従の筆頭者に相当）の鷹司煕通《たかつかさひろみち》が昇格した。

元老・閥族政治への批判

そして大正天皇にとっては不運なことに、桂の首相復帰という事態が、年来の元老政治・閥族政治批判を高揚させた。桂出馬が確実視された十二月十四日、交詢社に集まっていたジャーナリストや超党派の政治家たちが憲政擁護会を組織、十九日には国民党領袖の犬養毅《いぬかいつよし》や政友会の尾崎行雄らが歌舞伎座を埋めた聴衆を前に同会の演説会で山県や桂を舌鋒鋭く批判した。こうした行動をきっかけに尾崎や犬養は「憲政の神様」と呼ばれるようになっていく。

第三次桂内閣発足

勅語を得た桂はさっそく組閣を始め、斎藤実《まこと》に海相留任を求めたが、斎藤は、二個師団増設が実現する代わりに建艦計画が延期されるのを嫌って拒否しようとした。海相獲得難により第三次桂内閣が不発に終わるのを狙ったのである。しかし、桂は再び天皇の権威にすがった。二十一日、増師を後回しにし、海軍費を優先する旨を約束した上で留任を命じる勅語を出させて斎藤を留任させたのである。桂はようやくつかんだ政界復帰の機会を逃さないためにこうした行為に出たのであろうが、結局は自らの首を絞めることになる。いずれにしろ、この日第三次桂内閣が発足した。同時に天皇から西園寺に事実上元老と認める旨の勅語が下った。薩長以外では初の元老である。

護憲運動の拡大

さて、護憲運動は年末にかけて各地に拡大していった。桂内閣批判の言説は新聞雑誌だけでなく各地の政党支部や有志団体に及んだ。その中には、板垣退助も参加する憲政擁護土佐同志会が一月十三日付で宮内省に提出した上奏文に、「臣等草莽にありと雖《いえど》も、常に憲法の旨を体し、忠を皇室に効さんことを冀《ねが》ふもの、而してこの志は六千万同胞の悉《ことごと》く皆な其帰を一にする所にして、必ずや陛下の嘉納をしたまふ所なるを信ず。然るに今や陛下と国民のあいだに介在して、敢《あえ》て聡明を蔽《おお》ひ奉り、憲政を紛更《ふんこう》して累を皇室に及ぼさんとする不悖《ふはい》の徒あり〔中略〕陛下欽明文思前古儻なし。仰ぎ願くば臣等が区々の衷情を憫み、聖鑑を垂れたまはんことを」（『大正政変の基礎的研究』）とあるように、天皇の決断（聖断）を求めるような過激なものもあった。新天皇に文字通りの親政を期待したのである。

政友会の思惑

ただし、西園寺や原ら政友会の幹部は桂内閣との全面対決を避ける態度をとっていた。桂は増師の延期や財政整理など第二次西園寺内閣に近い政策を掲げており、やり方次第では桂園時代の再来も期待できたからである。

桂新党の行方

一方、桂は護憲運動は政界の非主流派が中心であるとしてその盛り上がりはたいしたことはないと楽観し（『大正政変』）、従来のように政友会に枠をはめられるのはもちろん、山県ら元老の影響下からも脱すべく、組閣を機に独自の政権与党を作ろうと配下の政治家たちを使って画策しはじめた。その結果、大正二年一月二十日、桂は新党結成を表明、三十一日、大石正巳、河野広中《こうのひろなか》、島田三郎ら国民党の反犬養勢力（旧改革派）四十名は、かねてからの桂側の工作に応じる形で国民党を脱党、新党参加を表明した。さらに従来から山県寄りであった中央倶楽部の議員たちの多くもこれにならった。しかし、これに先立つ十八日、貴族院側では、山県閥の有力者であった平田東助《とうすけ》の尽力で、大勢としては桂新党に非協力の方向をとることになった（『貴族院と立憲政治』）。

議会停止の詔勅

こうした中、桂は二十日に天皇に議会停会の詔勅を出してもらい、事態好転のための時間稼ぎを図ったが、再び天皇の権威にすがったこと、首相という地位にありながら政党結成を始めたことが権力の乱用とみなされ、桂批判の声はますます高まった。桂は、西園寺の示唆で、初期議会期においては議会と政府の対立を勅語によって収拾した例が何度かあったことから、こうした手段が許されると考えたようだ（『日本政治史』二）。しかし、日清戦争後はそうした例がなく、前例とはみなさないという議論が成り立ってしまうことまで気が回らなかったのである。そして停会期限が切れた二月五日、衆議院本会議での論戦が桂の致命傷となった。次のような内閣不信任決議案が議題にのぼったのである。

内閣不信任案

内閣総理大臣公爵桂太郎ハ大命ヲ拝スルニ当リ、屡々《るる》聖勅ヲ煩シ、宮中府中ノ別ヲ紊リ、官権ヲ私シテ党与ヲ募リ、又帝国議会ノ開会ニ際シ、濫《みだり》ニ停会ヲ行ヒ、又大正二年一月二十一日、本院ニ提出シタル質問ニ対シ至誠其責ヲ重スルノ意ヲ昭ニセズ、是レ皆憲政ノ本義ニ背キ、累ヲ大政ノ進路ニ及ボスモノニシテ、上皇室ノ尊厳ヲ保チ、下国民ノ福祉ヲ進ムル所以ニ非ズ、本院ハ此ノ如キ内閣ヲ信認スルヲ得ズ。仍テ茲ニ之ヲ決議ス。（『帝国議会衆議院議事速記録』）

尾崎行雄の演説

この決議案はまさにこれまでの桂批判論の要約といえる内容となっていた。

そして、趣旨説明に立った尾崎行雄は、有名な、「彼等ハ玉座ヲ以テ胸壁トナシ、詔勅ヲ以テ弾丸ニ代ヘテ政敵ヲ倒サントスルモノ」という文句を吐いて大きな拍手を得た。重要なのは、尾崎がこの直前に、「勅語デアラウトモ、何デアラウトモ、凡《およ》ソ人間ノ為ストコロノモノニ過チノナイト云フコトハ言ヘナイ」（同右）と述べていることである。

演説の評判

この発言について、元来尾崎が皇室に対して冷めた目を持っていたためという説があるが（『天皇制と国家』）、尾崎はこの時まで天皇に関して公の場でここまで立ち入った発言をしていない。第一次大隈重信内閣文相当時のいわゆる共和演説事件の際の発言も、発言自体は特に過激なものではなかった（『政治家の生き方』）。ところが今回は発言直後に「取消セ」「不敬ダ」という野次が飛び、政友会支持者からも原敬あてに批判の手紙が届いたように（『原敬関係文書』第二巻）、さすがに当時にあっては問題発言であった。つまり、明治天皇在世中には尾崎といえども言わないような内容の発言だったのであり、少なくとも政界においていかに大正天皇の信用がなかったかがわかる発言と考えるべきである。

不信任案可決後の桂の暗躍

いずれにしろ、これで桂批判派の気勢は一気にあがり、不信任案は可決された。このままでは政府提出の予算案や法律案が議会を通過することはありえないから、桂としては衆議院の解散総選挙か内閣総辞職を選ぶほかはない。ところが桂は、天皇の大権を発動させて直ちに議会を停会にし、二月七日に新政党立憲同志会の組織を発表する一方、加藤高明外相の建策により翌八日、西園寺と会談して、政友会の倒閣運動をやめさせるよう説得した。しかし西園寺が取り合わなかったため、桂は翌九日、天皇から西園寺に対し、「目下ノ紛擾ヲ解キ朕ノ心ヲ安セヨ」（『原敬日記』同日）という沙汰を下してもらった。これは口頭だけで、正式の勅語ではなかったが、拝謁後、西園寺が貞愛親王に確認すると、不信任決議案を撤回させよという意味であるとのことであった（同右）。

原敬の政友会総裁就任

そこで西園寺は不信任決議案の撤回を図ったが、党内はかえって桂の異例のやり方を憤る向きが多く、収拾は失敗した。西園寺はその責任をとる形で以後謹慎したため、政友会運営の実権は原敬の手に渡り、大正三年七月、原が後任の政友会総裁に就任する。

桂内閣総辞職

さて、こうした間にも護憲派の大衆運動は主要都市に広がり、十日、東京では当時日比谷にあった議事堂前に集まった群衆が暴徒化し始め、都・国民・読売など政府系と見られた新聞社を襲うなどの事態が起きて、警官隊が出動する騒ぎとなった。皇居の近隣で起きただけに、その音を聞いた天皇も側近に状況をしきりと聞いていたという（『東京朝日新聞』二月十一日付）。桂は解散総選挙も考えたが、山本権兵衛や大岡育造衆議院議長らにもはや万策尽きたことを悟らされ、二月十一日、総辞職する旨を天皇に上奏した。

山本権兵衛内閣の成立

大正天皇は、さっそく山県・大山を呼んで後継首相の人選を命じた。松方は旅行中、井上は病床にあった。そこで追って西園寺も協議に参加し、西園寺の発案で山本権兵衛を奏薦することとなり、十二日に大命が山本に下った。山本の要請もあり、政友会は与党となったが、閥族の一人である山本の内閣の与党になることについては批判も多く、政友会本部に暴徒が押し寄せたほか、各地で暴動が相次ぎ、党内から尾崎ら脱党者も出た。それでも二十日には第一次山本権兵衛内閣が成立して、大正政変はひとまず終息することになる（『山本内閣の基礎的研究』）。

大正天皇の行動の評価

この過程での大正天皇は、世論からは閥族政治打破を期待されながら、ひたすら逆の行動をとり続けた。このことについて安田浩氏は、大正天皇の政治的無能が示されたと指摘しており、この見解が受け入れられてきた。たしかに、論理的可能性としては、立憲君主として、独裁ではないが言いなりでもない、よりましな行動、たとえば、桂の要請を非公式に保留して元老内で改めて相談させるなどの措置をとる選択肢はありえた。ただし、大正天皇は皇位に就いてまだ五ヵ月もたたないうちにこの事態に遭遇したことは考慮する必要がある。

即位直後の君主

この二年前の一九一〇年にはイギリスでやはり似たような事態があった。国王エドワード七世の急死で突然即位してまもないジョージ五世が、貴族院改革をめぐる国王大権（叙爵権）を発動すべきか否かをめぐって、国王の秘書や首相に振り回される事態が生じた（『王室・貴族・大衆』）。また、のちのことになるが、昭和天皇も、摂政の時期は、政治経験が浅いということで元老西園寺らから事実上の見習い時代とみなされていた（『大正デモクラシー期の政治』大正十一年五月八日）。一般論として、即位後数ヵ月で政変に遭遇した君主が、政界を独自の判断で統制することはなかなか難しいのである。

威信確立の機会を失う

いずれにしろ、大正天皇が、憲政の大義に反すると広く認識された桂の言いなりになったことは、世論の期待だけでなく、朝見式の勅語で自身が宣言したことにも反した形となった。大正天皇は、結果的に統治権の総攬者《そうらんしゃ》としての威信を確立する絶好の機会を生かせなかったのである。

桂の病死

なお、桂は辞職に際して元老に列する旨の勅語を下されたが、今回の失敗で気落ちし、元老としてみるべき活動のないまま同年十月病死した。

即位後発の大病

このあと天皇は五月十八日から引いた風邪をこじらせ、肺炎となった。天皇践祚後初の大病である。二十二日夜に宮内省から発表され、宮内省は程なく平癒するはずと説明したが、翌日の各新聞はこれを大きく取り上げた。『東京朝日新聞』は社説でもとりあげ、「陛下に於かせられては予《かね》てより蒲柳の質に在しまし、其上曾《かつ》て肺部の疾患に罹らせられたることあり」なので「深く懸念し奉らざるを得ず」と書いており、大正天皇の虚弱体質が忘れられていないことがわかる。肺炎は五月末には治癒し、その後、七月末から八月中旬まで明治天皇の命日に関わる行事のため帰京した以外は、九月まで葉山や日光で静養する。

天長節

また、大正天皇の践祚により天長節（天皇誕生日）は八月三十一日となったが、大正二年七月十八日付の勅令で天長節の祝日は十月三十一日と定められた。その理由は「大暑中ニテ御儀式ヲ挙クル事困難」（『原敬日記』四月十六日）ということであった。以後、天長節の祝賀行事（諸学校の儀式、宮中の宴会など）は十月三十一日に行われることになる。

シーメンス事件により山本内閣総辞職

山本内閣は、二個師団増設や軍部大臣現役武官制を取りやめ、参政官制度を設けるなど、護憲運動をふまえた施政を行ったが、大正三年一月下旬に、海軍高官がドイツのシーメンス社から多額の賄賂を受け取っていたことが発覚（シーメンス事件）、立憲同志会・国民党など野党が結束して山本内閣攻撃に乗り出した。東京では大衆運動も再び盛り上がりを見せ、野党による日比谷公園での国民大会の参加者が政友会本部などを襲撃して軍隊が出動する騒ぎとなった。それでも衆議院では政友会が過半数だったため、政府が提出した大正三年度予算案がほぼ原案のまま成立した。ところが、これに反発した貴族院が予算案を否決したため、これを事実上の内閣不信任と判断した山本首相は、三月二十四日、内閣総辞職を天皇に上奏した。

後任人事の難航

大正天皇は後任選考のため、元老を招集し、病気療養中の井上を除く山県・松方・大山が皇居に集まった。三人は協議の結果、二十七日に徳川家達《いえさと》貴族院議長を後任首相として天皇に推薦したが、二十九日に徳川が拝辞。そのため山県らは、山県閥の一人で、第一次桂内閣で農商務相や内相をつとめた枢密顧問官清浦奎吾《きようらけいご》を推薦、清浦は組閣に入ったものの、海相を得られずに四月七日に再び拝辞となった。後任人事は難航していたのである。

山本に留任を命じる

そこで、井上も加わった元老たちが西園寺の再出馬実現に躍起となっていた四月九日、皇太后危篤（実は死去）の報により、皇太后滞在先の沼津御用邸に天皇・皇后や高官たちがお召し列車で急遽向かうこととなった。その車中で、大正天皇が突如山本に留任を申し渡した。内相として同行していた原は、貞愛親王が三月中旬に山本に辞職しないよう要望していたこと、山本を呼び出す直前に天皇が貞愛親王と話し合っていたことをふまえ、天皇と貞愛親王との話し合いの結果と推測したが、真偽のほどは明らかでない。ただし山本はこれをうけず、山県を後任に推薦した（『原敬日記』、『山県有朋談話筆記』）。

山本の諫言

山本は、すでに見たように大正天皇の政治能力に疑問を持ち、諫言も辞さないという考えの持ち主であった。大正二年九月末には、山本の諫言の結果、大正天皇がいつになく引き締まった態度で陪食に臨むことができ、参加者が感心したこともあった（『財部彪日記』）。

山県有朋に組閣を命じる

天皇はただちに車中の山県を呼び出し、山県に後継内閣組織を命じた。山県はこれに取り合わず、逆に山本が提案したのかと尋ねると、大正天皇は「自分一己ノ考ナリ」と述べた（『原敬日記』四月九日）。

大正天皇は、元老に人選を命じておきながら、これを無視する形で後任首相を任命しようとしたのである。話の筋をふまえない軽率な行動といわざるを得ない。実際、山県は右に見た大正天皇との問答の後、大正天皇に対し、「此の如き事を、先きに御沙汰を蒙むりたる元老以外に御沙汰ありては宜しからざる」と道理に沿った諫言を行い、天皇も「決して左様の事なし」と答えるほかはなかった（『山県有朋談話筆記』）。

第二次大隈内閣の成立

さらに、もし原の推測通り、補佐役たる貞愛親王が、貴族院の反発や大衆運動まで起きているこの段階で山本の再登板を図ったとしたら、貞愛親王もあまり政治的感覚が優れているとはいえない。大正天皇は政治的な威信を獲得する機会をまたしても逸したのである。とにかくこうした大正天皇の行動は事実上まったく無視され、西園寺が上京にすら応じず、京都に留まったため、山県と井上は、衆議院の過半数を占めて横暴を極めていると考えられた政友会を政権から追放することをねらって、十二日に大隈重信を後任に推薦、翌日大隈は内閣組織を天皇に命じられ、十六日第二次大隈内閣が成立した（『日本政治史』二）。

大山巌の内大臣就任

なお、四月二十三日、内大臣に大山巌が就任した。伊藤之雄氏は、山県が貞愛親王が政友会をひいきにするのをきらい、貞愛親王の動きを抑えようとしたためとしているが、大山の日記を見る限り、大山は老齢の故か、月に一日程度しか出勤しておらず、貞愛親王は、大正四年一月九日に元帥の称号を与えられると共に出仕が解かれるまで従来通り大正天皇の側近として勤務するので（『貞愛親王事蹟』、「大正天皇実録」）、貞愛親王の行動をどこまで抑えられたかは定かではない。

4　天皇としての生活

皇居に転居

この間、天皇・皇后は大正二年六月十八日付で青山御所から皇居に転居した。ただし、この日に葉山に静養に出発したので、実際に住みはじめるのは七月二十五日に帰京してからだった。青山御所は皇太后の住居となった。裕仁皇太子は大正元年の大晦日から高輪に用意された東宮御所に移り、天皇・皇后が皇居に移ったあとも雍仁《やすひと》親王と光宮《てるのみや》は青山御所に残ったので、これまで同じ敷地内で頻繁に行き来していた一家は以後別々に住むことになり、家族団欒の時を過ごすことはめったになくなった。

宮殿の改装

践祚から皇居宮殿への転居まで十ヵ月以上かかったのは、皇太后の引越し作業と、宮殿内部の改装のためである。これまで御内儀（天皇の居住区域）は明治天皇の好みで照明はろうそくのみだったが、電灯が備えられ、スチーム暖房が入ったほか、執務区域にあたる御学問所についても、従来政務と拝謁両方に使われていた一階を拝謁室とし、使われていなかった二階を政務、休息室に改装した（『明治天皇の一日』）。

皇居（明治宮殿）の正殿外部（『明治工業史』建築編より）

日常生活は、朝六時に目覚め、パンを中心とした朝食を食べた後、午前九時から昼食をはさんで午後三時まで政務の時間となった。書類に署名捺印するだけでなく、大臣や軍の高官などから政務軍務の報告を受けたり、辞令を渡すなど、面会を要する用務もある。昼食は洋食である。午後三時以降は運動や読書、侍従や女官との遊戯などで過ごし、夕食をへて午後十二時に就寝となった。夕食は主に和食で、昼食と夕食は皇后とともに食べた。普段の食事はいずれも質素なものだったようである。こうした日課や食事の献立は明治天皇とほぼ同じであった（『明治天皇の一日』『椿の局の記』）。ただし、明治天皇と比べると、大正天皇は酒量は少なく、料理の味付けはやや辛口好みだった（『味』）。読書については、大正五年に、「いとまえてひとりひもとく書の上に昔のことを知るがたのしさ」という和歌があるように、特に歴史書や中国古典が好きだったようだ。

政務に臨む態度

政務での面会時には大正天皇は座っていたという元女官の回想もあるが（『女官』）、これは伝聞であり、『実業之日本』昭和二年一月十五日号や『大正天皇御治世史』にある、実際に御学問所で面会した人々（大臣・軍高官）の回想によれば、明治天皇と同じく、報告中は立っていたことが明らかである。また、権典侍《ごんのないしのすけ》をつとめた女性の回想によると、昼食時に政務（書類の決裁など）が入ることが多く、その場合、大正天皇は「国の事だからな」といって食事を中断して政務を処理した（『椿の局の記』）。明治天皇の真摯な執務ぶりを讃える漢詩（前出の「至尊」）も作っており、大正四年には、「民草を思ひやれこそまつりごと出てきくまも暑きこのごろ」という和歌も作っているので、大正天皇の執務ぶりも明治天皇にならって真摯な態度だったといえるが、政治や軍事に関して、相手を感心させるような質問をしたり意見を述べたという証言は見当たらない。

頻繁な行幸への苦情

ただし、本音としては夏の皇居での執務は暑くてイヤだったようで、早く再び静養に行きたいという趣旨の「宮中苦熱」と題する漢詩を大正二年七月に作っている（『大正天皇御製詩の基礎的研究』)。大正天皇は践祚後も皇太子時代と同じく、しばしば避暑・避寒・静養に出かけているが、あまりの多さに、「近来行幸啓頻繁ニ付巡査困難スル様ノ説」(『原敬日記』大正二年十二月二日)、つまり警察官から苦情が出るほどだった。

自由時間

午後の自由時間は、女官たちに漢詩を教えたり、菓子をやるという名目で女官たちに近づいて手をつかんだり、こっけいな格好で写真に収まったりしていた。ただし、手を握られることは皇后の機嫌を損ねるので女官たちは逃げ回った。新聞は四種類を隅から隅まで読んでおり、大正天皇は女官たちに新聞広告をネタに、「あの三河屋のな、うなぎっておいしいそうだよ」などと話していた(『椿の局の記』)。こうした気晴らしは明治天皇もやっていたが、女官の手を握ることはなかった(『明治天皇の一日』)。

原敬の見た大正天皇

本格的な病気になる前の大正天皇のふだんの様子は、『原敬日記』からもうかがうことができる。原は、第二次西園寺内閣と第一次山本内閣の内相として、皇居でしばしば面会していた他、行幸にもしばしば同行し、移動中の列車内で話し相手を務めることもあり、会話の内容もかなり記されている。

行幸時の警備

大正元年九月十七日の参内の際、「当秋大演習ニ行幸ノ筈ナルガ、先帝ノ御時代ニハ先帝タケノ御事アリシモ今回ハ成ルヘク簡易ニシタシ」として桂侍従長と打ち合わせよとの指示を受けた。原が桂に天皇からの指示を話すと、桂は「陛下ノ思召ニテハ成ルヘク諸事簡単ヲ望マセラレ、又随テ行幸ノ御道筋モ時々変更セラル、事アルヘシ」と述べた。先に見た桂の山県宛の手紙の内容と考え合わせるならば、迷惑そうな口ぶりといえる。原はこれに対し、「陛下ノ思召ハ誠ニ有ガタキ」としながらも、「但シ御道筋時々変更アリテハ取締上非常ニ困難ナリ」と、天皇の希望に取り合わない意向を示した。内相という、警備の最高責任者としては当然のことである。大正天皇はこのあとも行幸時の警備の縮小を何度も要望し、原も一応検討するように日記には書くが、いうまでもなく実現はしなかった。

行幸車中の会話

原　　敬

原と天皇の問答ぶりについては、大正二年九月十五日、日光から帰京のお召し列車の中での事例が典型例といえるので、少し長く引用して解説したい。

　種々ノ御物語アリ、煙草ヲ賜ハル。又余ノ写真ニ仏文ニテ記載シテ差出セトノ御沙汰アリ、尚ホ書ヲ差出セトノ仰ニ付悪筆ノ故ヲ以テ再三辞退申上ケタルモ重ネテ御沙汰アリ、且ツ御側ニ立タセラレタル皇后陛下ヲ御顧ミアリテ是非上ル様ニ口添セヨトノ仰アリ。恐懼辞退セシモ後ニ渡辺〔千秋〕宮相ヲ以テ更ニ御沙汰ニ付、強《しい》テ辞シ奉ルモ却テ恐多シト考へ、再ヒ拝謁シテ差出スへキ旨御受ケセリ。陛下ハ更ニ絹本《けんぽん》ニ書セト仰アリ、又栃木、茨城、埼玉ノ知事等ニモ差出ス様ニ申セトノ仰セニ付、各知事陪乗セシニヨリ其事ヲ伝達シタリ。昨日栃木県ヨリ差出シタル馬匹天覧アリト承ルニ付、先年福島ニテ陛下（当時殿下）馬ノ御鑑識実ニ恐懼ニ堪へサル旨同地ニテ承ケリト言上セシニ、陛下ハ栃木県産馬匹ニ付テモ色々御話アリタリ。又昨日都下騒擾〔対中問題に関する政府批判の集会や示威行動〕ノ事ニ付、各政党関係セサル間ハ日ナラスシテ鎮静スへキ旨ヲ申上ケタルヲ御記憶アリテ重ネテ御尋ネニ付、政党即チ政友会、国民党等干係セサルモノハ大事ニ至ラサル事情ヲ言上セリ。又郡長ヲ大更迭スル由トノ御尋ニ付、然ラサル次第ヲ言上シ、単ニ老朽者ヲ少壮ノ者ニ代フル方針ニ過キサル旨言上セシニ、夫レハ結構ノ事ナリ、若キ者ヲ登用スルハ甚タ宜シトノ仰アリタリ。

まずわかることは、大正天皇が非常に元気なことである。静養の帰途であるから当然ともいえるが、原と長い会話がなされるのは、ほとんどが行幸や静養の往来時の列車の中であった。政務から解放された時間だったため多弁となったと考えられる。

煙草の下賜

原は煙草を下賜されているが、これは、すでに、そしてこのあとも何度かあったことで、追悼本や女官の回想（『椿の局の記』）によっても、煙草や盆栽を面会者に下賜することが多かったことがわかる。大正天皇自身はあまり喫煙していなかったようだが、同年七月二十五日に、原が葉山から帰京途中の大正天皇の話し相手を務めた時は、医師の勧めがあったとして本格的に吸い始めていた。また、写真や揮毫《きごう》を提出させるのもしばしば行われていたことが追悼本や女官の回想でわかる。原の場合、写真は半月後の十月三日に提出したが、揮毫の方は天皇の度重なる催促にもかかわらず、多忙を理由についに提出しなかった。いずれにしろ、天皇の催促は少々執ようすぎると感じられる。

政治への消極的な態度

また、天皇は馬の話には熱心に見識を披露しているが、政治に関しては、手元の情報（おそらく新聞情報）についてたびたび原の解説を求めているものの、具体的な問題についての意見らしきものは「若キ者ヲ登用スルハ甚タ宜シ」の一言だけである。大正天皇に政治的感覚が欠けていたことがここからもわかる。また、原は第一次山本内閣の際には大礼使長官も兼任したので、大礼関係の話題も多かったが、大正天皇の発言はほぼすべて日程を短かくするようにという要請だった。原は「此上短縮ハ如何アランカ篤ト考慮スヘシ」（同年十二月十九日）とこれについても消極的だった。大正天皇は、原を積極的に短縮に取り組む気にさせるような理由を示すことができなかったのである。

もっとも、大正天皇は政治について何も考えていなかったわけではない。践祚後の詩歌には政治についての考え方がうかがわれる作品がいくつか見られる。

漢詩に見る政治観

漢詩では、皇太子時代の見学旅行の思い出を主題とした「憶旧遊有作」（大正三年）に「人事紛糾因名利。政治由来資賢能」（人事の紛糾は名利に因る。政治はもともと賢い才能の士が貢献する）とあり、「詠海」（大正四年）に「由来治国在修徳」（そもそも国を治めることは徳を修めることだ）とある。また、大正五年には、「偶成」に「読書三十歳。治化意常存。涵養剛柔徳。優游礼楽園」（読書を続けること三十年、常に良い政治を心がけてきた。剛健な徳と柔和な徳を涵養し、身の慎みや心の和らぎも得るように努めてきた）とあり、「桃源図」に「由来為政忌苛刻。苛刻争教風俗淳」（そもそも政治にあたって過酷は良くない。苛酷は社会を損なう）とある。

政治を詠んだ和歌

また、和歌では、大正三年に、第一次大戦のことを詠んだと思われる、「浪風は立ちさわげども四方の海つひにしづまる時もきぬべし」という、おそらくは明治天皇の著名な和歌を念頭に置いた平和を願う作品があり（漢詩にも「時事偶感」という似た内容の作品がある）、大正五年には「年どしにわが日の本のさか行くもいそしむ民のあればなりけり」

と、国民あっての国家であるという考え方も示されている。

詩歌というものの性質もあってか、いずれも為政者としてはごく一般的な見解や心得である。これらをもって、現実の国内外の情勢についての判断、政治家・軍人・官僚との面会の際の見極めなどについて大正天皇が面会者たちと立ち入った質疑や議論ができる水準に達していたと判断することはできない。

二　政治・社会の動揺と天皇

1　即位大礼と記念行事

即位の大礼

大正天皇の即位の儀式（大礼）については、大正二年一月十四日、渡辺千秋宮相を委員長とする大礼準備委員会が宮内省に設けられて予備的な調査が始まり、十一月二十一日、貞愛親王を総裁、原敬内相を長官とする大礼使という官庁が政府に設置され、以下、登極令付式にある手続きをふんで準備が進められた。そして三年一月十七日に、同年十一月十日に即位礼を、十三日に大嘗祭《だいじょうさい》を施行することが勅定された（「大正天皇実録」）。

開催場所については、皇室典範で京都と定められていた。

大嘗祭

このうち大嘗祭は、毎年収穫された穀物を天皇が神々にささげ、かつ神々とともに食べるという新嘗祭《にいなめさい》の初回に相当する儀式で、新嘗祭の規模を大きくしたものとされ、儀式後は内外臣僚を食事に招く大饗などの儀式も行われる（『増補皇室事典』）。登極令において、大礼と合わせてこの儀式を行うことが規定されていたため、大礼は米など穀物の収穫後に行われる必要があり、十一月に実施されることとなるのである。

昭憲皇太后の死去

ところが、四月十一日（実際は九日）に昭憲《しょうけん》皇太后が病気で死去した。皇室の服喪期間は一年間となっていたため大礼は延期となり、同日付で大礼使はいったん廃止となった。皇太后の大喪は五月二十四日から二十六日にかけて行われ、夫明治天皇の隣（伏見桃山東陵）に葬られた。大礼の準備再開は、大正三年九月二十一日に宮内省に大礼準備委員会が再設置されてからのことになる。四年四月十二日、大礼使も再設置され、貞愛親王が再び総裁に、長官には鷹司侍従長が任命され、同月十九日には即位礼の期日が十一月十日、大嘗祭の期日が同月十四日と勅定され、本格的な準備が始まった。政府は、「登極令公布以後、始メテ挙行シ給フモノニシテ、其ノ儀制ハ、巨細トナク、永ク軌度ヲ後世ニ貽《のこ》スモノナリ」（『大礼記録』）、すなわち、今回の即位礼は、即位礼の新例を作る重要な行事であると考えて周到に準備にあたった。式典の費用は、予算外支出約二七万円を含め、約四四三万円の多額にのぼった（同前）。

京都御所の準備

即位礼の式場となる京都御所では、天皇が自動車で直接御所に乗り入れられるための新御車寄と、東京から持ち込まれる神器を置いておく春興殿（皇居の賢所に相当）が増築された。さらに、即位礼の際に紫宸殿で天皇・皇后が座る高御座、御帳台も製作されたが、御帳台は皇后は妊娠中で欠席したため使われなかった。この高御座と御帳台は、やはり京都御所で行われた昭和天皇の即位礼にも使用され、平成天皇の即位礼の際も補修の上、東京に移して使用された。現在は京都御所の紫宸殿の内部に置かれ、参観の際に遠望することができる（『京都御所・仙洞御所』）。

大典記念京都博覧会

京都では、大礼に先立って、十月十日から岡崎公園で、市主催の大典記念京都博覧会が開催された。第一会場は産業関係の展示館が並び、第二会場は満州館と猛獣使いの興行場や各種の売店が並び、大礼館では大礼の状況を想像した人形や模型が置かれた。十二月十九日までの期間中の入場者数は八六万一〇〇〇人あまりで、この時点までの日本で行われた博覧会の入場者数としては第五位、東京で開催されたもの以外では第二位という多さであった（『日本の博覧会』）。大礼をきっかけにいかに多くの人が京都を訪れたかがわかる。この時期京都では路面電車でも華やかな装飾の花電車が一〇台も走り、大礼前後の京都は華やかでにぎやかな雰囲気に包まれていた。以下、大礼の様子を、主に『風俗画報』第四七五号・四七六号と「大正天皇実録」によって見ていこう。

大礼の様子

京都へ出発

十一月六日午前六時、天皇は馬車に乗って皇居を出発、東京駅に向かった。東京駅は十一年の歳月と二七〇万円もの巨費をかけて前年十二月に開業したばかりだった。駅舎は辰野金吾《たつのきんご》の設計によるルネサンス様式で赤レンガの壮麗な建物で、中央玄関は皇族専用となり、天皇・皇后専用の豪華な休憩所などが設けられた（『東京駅歴史探見』）。さらにお堀端から中央玄関までは幅の広い直線道路（行幸道路）が設けられ、駅はまさに行幸の出発駅としての威容を備えた様相を呈していた。沿道では諸団体四万人のほか、前夜から場所を取っていた者を含め二万人の一般の人々が歓呼の声を上げて見送った。東京でも京都と同じく、路面電車の花電車が繰り出して奉祝気分を盛り上げていた。

午前七時、大隈重信《おおくましげのぶ》首相ほか顕官たちの見送りを受けながら、天皇は東京駅からお召し列車で京都に向かって出発した。先にも記したように皇后は妊娠中だったため東京に残った。列車には皇族たちも乗り込んだほか、神器も載せられていた。一行は名古屋離宮で一泊したのち、七日午後一時五十五分、京都駅に到着した。京都では大通りはすべ

皇居馬場先門前に設けられた奉祝門（『大礼記録』より）

て提灯や電飾、造花、万歳幡などで華やかに装飾されていた。天皇は自動車で京都御所に向かい、常御殿（居住用の部分）に入り、八日には十日の儀式の予行演習を行った。大隈首相をはじめとする政府・軍・議会や外国大公使らの出席者は九日までに京都入りした。

十日は前日の雨が上がり、秋晴れとなった。即位礼は、春興殿で行われる賢所大前の儀と、紫宸殿《ししんでん》で行われる紫宸殿の儀からなる。『風俗画報』の説明によれば、賢所《かしこどころ》大前の儀は神器の一つである八咫《やた》の鏡の前で、天皇が皇位についたことを天照大神に報告する儀式、紫宸殿の儀は天皇が主権者の地位についたことを内外に披露し、国威をさらに固める決意を表すとともに、国民の祝意を受ける儀式である。これらの儀式の進行方法や服装などはおおむね登極令付式の規定に沿って行われた。ちなみに服装は外国人は礼服、日本人は大部分が衣冠束帯や十二単、一部は大礼服であった。

賢所大前の儀

賢所大前の儀は午前中に行われ、皇太子を含む皇族、大礼使職員、大隈首相以下の高位高官、貴衆両院議員、外国人大公使（いずれも妻も帯同）など二〇〇〇人が参列した。幣物、神饌供進のあと、天皇が、明治天皇の業績を継承することを誓う趣旨の万葉仮名による告文を読み上げ、天皇の退出後、皇太子と成年皇族の礼拝が行われた。登極令では未成年皇族は参加しないことになっており、皇太子の参列は特に天皇の指示によるものであった。

紫宸殿の儀

紫宸殿の儀は午後に行われた。午前中と同じ人々が紫宸殿南庭に参列し、ついで皇太子をはじめとする皇族が着席、三時過ぎ、衣冠束帯姿で笏を持った天皇がまだ幕が下りた状態の高御座に座った。幕が開いた時の天皇の立ち姿を『風俗画報』は、「端麗雄偉の大御姿は、玉手御笏を備して、神々して立御遊ばさる、尊しとも尊し」と書いている。

勅語を朗読

鐘を合図に参列者が天皇に一礼したあと、天皇が勅語を朗読した。やはり明治天皇の業績を偉大であるとして讃えたあと、「朕今丕績《ひせき》ヲ継ギ遺範ニ遵ヒ内ハ邦基ヲ固クシテ永ク磐石ノ安ヲ図リ、外ハ国交ヲ敦クシテ共ニ和平ノ慶ニ頼ラムトス」（「大正天皇実録」）と、やはり明治天皇の偉大な業績（「丕績」）を守っていくことを方針とすることを改めて示す内容になっていた。

大隈首相の寿詞

続いて大隈首相が、寿詞（祝辞に相当）を読み上げた。勅語に対応して、やはり明治天皇の業績を讃え、新天皇がそれを継承する決意を示したことを喜ぶ内容となっていた。

三時三〇分、大隈首相の発声で参列者が「天皇陛下万歳」を唱えた。同時に儀仗兵のラッパが鳴り、百一発の礼砲が響き、市内の寺院の鐘や工場のボイラーなどの汽笛が一斉に鳴り響いた。また植民地を含む全国でこの時間に万歳が唱えられたという。ただし、『原敬日記』によると、天皇の朗読は後半部しか聞こえない弱々しいもので、大隈の発声も予定時刻よりかなり遅れ、外ではすでに万歳の声や礼砲、汽笛が聞こえているという不体裁なことになった。いずれにしろこうしてこの日の儀式は終わった。

恩典

この日、贈位、叙位叙勲、恩赦、賑恤（福祉目的の金員下賜）などの恩典も行われた。君主の威光を示す行為の一環である。そして新聞各紙は当然のことながら十日のトップには大正天皇の写真と祝辞を載せ、翌日の紙面は儀式の実況がトップで扱われ（ただし不体裁についてはほとんどふれられず）、各地の奉祝状況など関連記事が紙面を埋めた。

盛大な儀式

この日の儀式の様子を明治天皇の即位礼と比較すると、同じ場所で行われただけに式自体の規模はそれほど変わらないが、京都の町全体の盛り上がりといい、全国で万歳が唱えられたことや万歳を唱える際に礼砲や鐘、汽笛が鳴らされたことといい、高御座が新調されたされたことといい、はるかに盛大で壮麗なものとなったことはまちがいない。

大嘗祭を挙行

ついで十四日夕方から十五日早朝にかけて大嘗祭が行われた。式は悠紀殿の儀と主基殿の儀からなり、それぞれの殿舎を含む大嘗宮という儀式用の施設は京都御所南隣の大宮御所内に作られた（『大礼記録』）。参列者は両院議員が除かれた以外は即位礼とほぼ同じである。悠紀殿の儀は午後五時五十分に始まり、天皇は七時過ぎに式場に入り、七時半過ぎから十一時二十分過ぎまで祖先に新穀をささげる儀式が行われた。天皇はいったん退出した。十五日午前一時から、祖先と共に新穀を食すという主基殿の儀が行われ、天皇は二時少し前に式場に入った。儀式は五時半過ぎに終った。参列者には高齢者が多く、さすがに主基殿の儀には欠席者が目立った（『原敬日記』）。『風俗画報』は一連の大嘗祭の儀式を「神聖荘厳」と評し、新聞各紙もほぼ同様であった。こうした印象を内外に与えることがこの儀式の主眼だったと考えられる。

二条離宮での大饗

続いて、十六日、十七日に、二条離宮（旧二条城）を会場に、天皇が約一〇〇〇人あまりの式典参列者と食事をともにする大饗が行われた。一日目は昼食で、外国人以外はおおむね和装の礼装であった。献立は日本料理で舞楽が披露された。二日目は夕食で、フランス料理のフルコースとなり、参加者も洋装だった。食事中は宮内省楽部や陸海軍の軍楽隊による洋楽演奏が行われ、食後に舞楽が披露された。このとき、フランス留学から呼び戻されて二日目の料理を取り切った秋山徳蔵は、そのまま宮内省に残って大正六年に初代主厨長（料理長に相当）に就任、のちに日本の西洋料理界の重鎮の一人となる（『味』）。

伊勢神宮等に参拝

その後天皇は伊勢神宮、明治天皇陵（京都府伏見）、神武天皇陵（奈良県橿原）、孝明天皇陵（京都泉涌寺）などに大礼実施の報告のために参拝し、二十八日帰京した。

なお、紫宸殿前庭、大嘗宮、二条離宮は、十二月一日から大正五年三月三十一日まで、年末年始と外国賓客の参観時を除き、一般に公開された。「挙国ノ希望ヲ充タシ、臣民ノ至情ヲ曠シクセシメザル」、すなわち見たい人が多いだろうからという理由で、仁孝・孝明両天皇の例にならっての措置である。参観者は紫宸殿と大嘗宮合わせて二六六万人弱、二条離宮が二五二万人強で、合わせてのべ五一八万人あまりという盛況ぶりであった（『大礼記録』）。一人の天皇につき一回という希少価値が原因と考えられる。

東京大正博覧会の計画

当然のことながら記念行事も多数行われた。大正三年秋に大礼があるという前提でいち早く行われた記念行事として、同年三月二十日から七月三十一日まで東京で開催された東京大正博覧会がある。開催の経緯は日露戦争後にさかのぼる。戦勝による賠償金獲得を前提に、明治三十八年（一九〇五）六月から、政府内でアジア初の万国博覧会開催が検討され始めた。これは賠償金が獲得できなかったために頓挫するが、民間でも同年秋ごろから戦後の経済発展の起爆剤として万博開催論が出始めた。その結果、三十九年八月に万博よりやや小規模な日本大博覧会を六年後に政府が東京で開催することが決まり、会場も代々木御料地（のち明治神宮）と青山練兵場（のち神宮外苑）と決まって用地買収も始まった。

東京勧業博覧会の成功

しかし、日露戦後恐慌による政府の財政難のため延期された上、四十四年十一月に中止と決定、以後は東京府や東京市が中心となって開催への模索が続いていた。明治四十年に東京府主催により上野公園で四ヵ月余りにわたって開かれた東京勧業博覧会が、六八〇万人あまりの入場者を数えて成功裡に終わったことから、景気回復の手がかりとして改めて大規模博覧会開催の構想が浮かび上がり、そこへ大正天皇の践祚という絶好の名目が出現し、博覧会が実現したのである（『皇紀・万博・オリンピック』）。

大正博の実施

大正博は第一会場を上野公園、第二会場を隣接する不忍池付近とし、青山練兵場にも第三会場（軍事関係と大礼式場模型）を設け、日本の博覧会史上空前の規模となった（『風俗画報』第四五七号）。隣り合う第一、第二会場の間は当時としては珍しいエスカレーターで結ばれ、第二会場には池を横断する形でやはり当時としては珍しいロープウェー（ケーブルカーと呼ばれた）が設けられたが、ロープウェーは故障が多かった。また、ほぼ全部の建物が雨漏りしたようで、急造ぶりがうかがわれる。

人々の関心

人々の興味は、エスカレーターのような新機軸か、第一会場の美人島旅行館や仮設の食べ物屋の立ち並んだ通り（「食傷新道」）などであった。『風俗画報』第四五七号によれば、美人島旅行館というのは、「最新理化学の智識を応用し、奇々怪々の光景を一館内に展開する」ことを名目としていたが、実は、探検していくと各所に若い「美人」女性が配置されていて、裸体の女性も見ることができるという「興行物」であった。同誌の記者は、即位大典を記念する博覧会である以上、厳粛なものであるべきであるとして、主催者の姿勢を批判している。また、同誌によると、「女看守」、つまり女性の監視役兼案内人の美醜が相当に話題になっていたこともわかる。

入場者数

そうした客寄せ策もあってか、会場は一応賑わいを見せて、のべ入場者数七四六万三四〇〇人余りをかぞえ、この時点までの国内開催の博覧会入場者数の最多を記録した（『日本の博覧会』）。大正天皇は六月十七日に第一、第二会場を訪れたが、さすがに美人島旅行館には立ち寄らなかった（「大正天皇実録」、『読売新聞』）。いずれにしろ、この博覧会は、大正天皇治世の冒頭を飾る祝祭行事の代表格として一応の成功を収めたのである。

大礼奉祝唱歌

次に、大正四年に入ってからの記念行事であるが（『大礼記録』）、文部省は公募による大礼奉祝唱歌の制定に乗り出し、まず大正四年四月、歌詞が公募された。二一五七通の応募があり、森林太郎（森鷗外）、佐佐木信綱などを含む審査委員会の審査の結果、歌詞が決まり、七月に曲が公募された。一六二九曲の応募があり、東京音楽学校や瀬戸口藤吉（「軍艦行進曲」の作曲者）を含む軍楽隊の関係者による審査委員会で審査の結果、左のような曲ができて九月に告示され、即位礼当日、全国の小学校で歌われた。公募形式をとったところに国民参加を促す意図がうかがえる。

記念切手

また、逓信省は、即位礼に使われる用具や式場を図柄とした記念切手四種、式場や舞楽を図柄とした記念絵葉書二種を発売した。このうち、一銭五厘切手と三銭切手はそれぞれ二一五〇万枚という多数が発行された。

各地の記念事業

このほか各道府県、市町村でも記念事業が多数計画、実施された。その大半は産業振興策や教育振興策だった。特に目立つのは京都府が府立植物園を建設したことだが、全体としては図書館の建設が多い（『図書館の政治学』）。大礼記念と称して建設あるいは建設

一 天《あめ》地《つち》のむた窮《きはみ》なき
天《あま》津《つ》日《ひ》嗣《つぎ》の御《み》位《くらゐ》に
我《わ》が大《おほ》君《きみ》ののぼります
今《け》日《ふ》の御《み》典《のり》の尊《たふと》さよ。

二 垂《たり》穂《ほ》の稲《いね》の大《おほ》御《み》饌《け》に
白《しろ》酒《き》黒《くろ》酒《き》を取《と》りそへて
皇《すめら》御《み》神《かみ》にささげます
大《おほ》御《み》祭《まつり》のかしこさよ。

三 大《おほ》き正《ただ》しき君《きみ》が代《よ》の
大《おほ》御《み》祝《いはひ》に外《とつ》國《くに》の
つかはし人《びと》も列《つらな》りて
共《とも》にことほぐめでたさよ。

大礼奉祝唱歌の楽譜（『大礼記録』より）

中の図書館は大正五年段階で一三〇七館あるといわれ、実際にも五〇〇館程度は建設された。大礼の年の全国の図書館数が七〇七館だから、大正大礼は図書館の一・五倍以上の急増をもたらしたことになる。大礼は社会資本整備の好機となったのである。

天皇の大礼簡素化要望

原武史氏が指摘しているように、大正天皇は、大正三年段階から大礼の簡素化をたびたび主張していた。したがって一連の盛大な儀式・記念行事・事業の数々は大正天皇にとっては不本意だったかもしれない。しかし、たびかさなる戦勝や植民地の拡大によりアジア有数の強国となったと自他共に考えられ、かつ大衆社会化が進行しつつある「帝国」の君主たる天皇の即位儀礼が、諸外国や自国民に強い印象を与えるような盛大なものとなり、記念行事や事業が数多く行われるのはむしろ当然のことであった。

柳田国男の所感

当時貴族院書記官長で、大礼にも侍者役で参加していた民俗学者柳田国男《やなぎたくにお》が、大礼半月前に青森県での陸軍大演習への行幸があったことについて、「心アル国民ハ窃《ひそか》ニ玉体ノ平安ヲ憂慮シ、御一代一度ノ大式典ニ近ヅキテ強イテ此ノ如キ遠方ノ旅行ヲ奏請シタル陸軍当局ノ無遠慮ヲ非難シタル者多カリキ」(「大嘗祭ニ関スル所感」)と書いていることは、一般の人々も盛大な大礼を望んでいたことを傍証している。同時にこの史料は、大正天皇が病弱な体質であることを人々がよく認識していたことも示している。

なお、大礼から約三週間後の十二月二日、皇后は無事四人目の男子を出産、澄宮崇《すみのみやたか》仁《ひと》親王と名づけられた。のちの三笠宮である。

2 大隈・元老と天皇

大隈重信との出会い

十六年ぶりに首相の座につき政界に復帰した大隈と、大正天皇は、以前から知り合いであった。初対面は明治三十一年七月二日、第一次大隈内閣成立直後の大隈が、首相新任挨拶のため、当時皇太子だった大正天皇を訪問した時である。その後、内閣退陣直後の同年十二月四日、大隈は早稲田の自邸に皇太子を招いた。皇太子は早稲田専門学校（のち早稲田大学）の学生・卒業生・教員など一八〇〇名が門前で歓迎する中、午前一〇時に到着し、昼食、能狂言、大隈邸の庭園散策などを楽しんで、午後三時にやはり早稲田関係者の盛大な見送りをうけて帰路に着いた。

皇太子が在野政治家の自宅を訪れたのははじめてであるだけでなく、四十五年五月にも大隈邸と早稲田大学を訪問している（以上、『読売新聞』）。皇族以外の特定の人物、それも在野の人物の私邸を複数回訪問するのは大変異例で、管見の限り大隈だけである。したがって、大正天皇は皇太子時代から大隈に好感を抱いていたと判断できる。

その理由については、大隈の側近による、「〔大隈〕侯は官僚味を脱したお話を申し上げたので、陛下も侯のお話を深く御喜びになり」（『大隈侯一言一行』）という観察や、大正五年四月四日に枢密顧問官三浦梧楼《ごろう》が山県に語った、「君等ガ奏上ハ動《やや》モスレハ先帝ヲ云々スルモ、大隈ハ先帝ハ先帝ナリ、今上陛下ハ其御考ヘニヨラサルヘカラスト云フガ如キ事ヲ申上ケテ陛下ノ御心ヲ動カシ奉《たてまつ》リ」（『原敬日記』）という分析が当を得ていると考えられる。要するに大正天皇は大隈の話しぶりを気に入り、大隈も大正天皇の自尊心をくすぐるようなことを述べたのである。

大隈重信

大隈への大正天皇の寵愛ぶりは、「左右を退けて頻《しき》りに話込ませ給ひ、大臣が拝謁を願ひ出ても宜しい待たせよと仰せ給ふこともあると承はる。侯は余りのことに恐縮して拝辞せんとする場合にもまあ可《よ》いと仰せ出されたと云ふ」（『大隈侯一言一行』）といわれ、これは鷹司の後任の侍従長を勤めた正親町実正《おおぎまちさねまさ》も大隈死去時の回想で「他の元老だと直ぐに退出されるが、大隈侯はいつも十五分とか二十分といふやうに長時間に亘つて、陛下の御下問に応答せられて居た」(『実業之日本』大正十一年三月号)と述べていることで裏付けられる。

山県有朋を嫌悪

一方、山県への嫌悪感は相変わらずで、山県が面会に赴いても、「女謁」(『原敬日記』大正五年十月十一日)、つまり直接会わずに女官に要件を伝言させるだけのことさえあった。もっとも、山県も、大正天皇への不信感は相当なものだった。大正三年九月二十九日、井上馨《かおる》との会見の際、天皇に対し、貿易収支改善のため(まだ大戦景気の前で、日本は多額の貿易赤字に悩んでいた)、天皇が欧米からの輸入品の大量購入をやめるよう諫言したことについて、「御分リニナルカナラヌカ知ラヌガ」と嘆いている(『第二次大隈内閣関係史料』)。

信頼関係の欠如

これでは相互に信頼関係が生じないのは当然である。さらに、天皇の側近である波多野《はたの》敬直《よしなお》宮相さえ、大正三年九月二十六日、元老井上馨に対し、大正天皇から些細なことまで元老に聞いてからやるようにしつこく言われたとして「陛下モ御分リガナイ。大小軽重ノ事ノ御識別ガ、又申上テモ御分リガナイ」(『第二次大隈内閣関係史料』)と嘆く始末だった。

山県の影響力低下

大隈はその山県らから、数を頼んで横暴となったと考えられた政友会を弱体化する期待を背負って首相に登用されたわけだが、元来山県と同輩で首相経験もあり、しかも世間の人気は絶大だった大隈が山県の思い通りになるわけがない。それでも大隈を首相に推薦しなければならなかった山県は、それだけ政治的影響力が衰えていたのである（『山県系官僚閥と天皇・元老・宮中』）。大隈は組閣後まもなく独自の行動に乗り出した。

第一次世界大戦勃発

大正三年七月二十八日、ヨーロッパで第一次世界大戦が勃発した。八月七日、日英同盟を根拠にイギリスから参戦の要請が来ると、加藤高明外相は大隈の了承のもと、元老に相談せずに、ただちに対独宣戦して中国のドイツ根拠地（青島《チンタオ》など）を獲得することを決断、八日、日光に避暑中だった大正天皇に面会して報告、元老の承認が取れた場合の上京を要望した。開戦は大権事項であり、前例にならえば御前会議を経る必要があるからである。元老にはすでに八日夜の閣議への参加が大隈から要請されていた（『山県有朋談話筆記』）。したがって、九月十日に伊東巳代治《みよじ》が原敬に語った、加藤が報告した際、天皇が加藤に「能《よ》ク協議セヨ」と言ったから急遽元老が閣議に呼ばれたという説（『原敬日記』）はまったくの虚説である。八日夜の閣議で、山県と松方は慎重論を唱えたが、加藤に押し切られ、あとは御前会議を待つばかりとなった。

御前会議

天皇は避暑を中止して八月十五日昼前に皇居に帰着、午後四時半から御前会議が開かれ、病気療養中だった井上以外の元老も参加した。この会議の直前、山県は天皇に呼び出された。元老の首班格として、事実上の正式決定の前に意見の開陳を求められたのである。その際、山県は、天皇に対し、「重大無此上《このうえなき》事件なり。老臣は去る八日以来終始一貫の意見を以て、内閣に注意し警告し、言ふべきこと丈《だけ》は之を言ひ尽したれば、最早一言を為すの要なし。但し、内閣には自から内閣の意見あるべく、老臣等の言ふが如くならざることも多かるべし。十分に閣員の言ふ所を御聴き取り遊ばされ、聖断を下さるべし」と、参戦が日本に不利な結果をもたらす危険性もあることをふまえて安易な決断をしないよう進言した（『山県有朋談話筆記』）。しかし、御前会議では天皇が特に質問をしたり意見を述べることもなく、対独宣戦が決定した。八月二十三日、日本は日英同盟を根拠に連合国側に参戦した。

対独参戦を決定

一連の経過から、元老たちは、十分な相談がなかったと感じて大隈首相や加藤外相への反感を強めており、世論も参戦については賛否が分かれていた。大隈はこれに対処するため、天皇に要請して九月十一日、天皇から加藤外相に対し、「時局ノ紛擾ニ対シ折衝能ク機宜ヲ愆《あやま》ラス朕深ク其ノ勤労ヲ嘉ス」（「大正天皇実録」）と、今回の措置を賞賛する意味の勅語を下させた。勅語によって政策の正当化や責任者の免責を図ったのである。

大山内大臣と波多野宮相はこれを止めさせようとしたが、すでに天皇が加藤を呼び出してしまっていたため、若干の語句の修正を実現するのがやっとだった。おそらくは大山か波多野からこの経過を知らされた山県は、「政府失錯ヲ掩《おお》フニ詔勅ノ力ニヨラントスルハ大隈等去〔明治〕十四年頃ト同様ノ悪計ヲ考ヘ居ル」と憤慨していた(『原敬日記』九月二十七日)。

こうした経緯からか、大隈や加藤の伝記にはこの勅語についての記事はなく、当時の新聞でも報じられなかった。

元老たちの不信感

九月二十四日、政局から疎外されていた元老たちは集まって対策を協議し、覚書にまとめた。その中には、「先帝御崩御以来、今上陛下ノ御代トナリ、日本ノ列国ニ於ケル威信ハ動モスレバ萎靡《いび》セントシ〔中略〕、深ク　先帝陛下ニ対シ奉リ、首相始メ元老一同老臣ノ恐懼措ク能《あた》ハザル処ノミナラズ、政務ノ御慣熟日尚ホ浅キ　今上陛下ニ対シ奉リ、如何ニモ申訳ナキ次第」(『世外井上公伝』五)と、大正天皇への不信感がにじみ出た一節がある。

元老の政治力低下

大正天皇が内閣の提案をそのまま裁可すること自体は、それなりに筋が通っており、むしろ一連の過程は、元老の政治的影響力がいかに衰えたかを示している(「山県系官僚閥と天皇・元老・宮中」)。もっとも、統治権の総攬者としては、治世初の宣戦布告となる重大案件であり、元老らによる異論の存在は知っていた以上、御前会議において、問題点について質問していれば、政治的威信を獲得できたかもしれない。

大隈の天皇依存

しかも、裁可した政策が成功したか否かまだ定まらない段階での責任者への賞賛の勅語は異例であり、大隈首相は、天皇の権威に依存して政策の貫徹、政権の存続を図ったといわざるをえない。大隈は第三次桂内閣組閣時の桂と似たような動きをしたのである。皮肉なことに、この内閣には桂弾劾の中心人物だった尾崎行雄が法相として入閣していた。このように大隈の要請を鵜呑みにした大正天皇は、今回も政治的な威信を獲得することはできなかった。天皇の政治顧問たるべき大山内大臣は無能のそしりを免れない。

対華二十一ヵ条要求

なお、大正四年一月十八日には、加藤外相の主導により、有名な対華二十一か条要求問題が発生した。日本は、大戦で列強のアジアへの関心が薄らいだのに乗じて中国権益の拡大を図ったのである。もちろん中国は強く拒否し、列強も日本に批判的だったため、日本は要求の一部を撤回したが、五月六日の御前会議で武力発動をちらつかせた最後通牒案を決定、五月九日、中国政府はこれをのんだが、この日を国恥記念日とし、中国の反日感情は決定的となった。またしても政府から元老に事前の相談なく、五月四日の閣議に呼ばれていきなり最後通牒案を知り、国際関係への悪影響を唱えて不満を漏らしたが、再び内閣に押し切られた（『日本政治史』二）。五月六日の御前会議は、日中関係の岐路となる歴史的な会議だったが、大正天皇が特に重要な質問や意思表示をした形跡はない。

大隈内閣留任問題

次に大正天皇を巻き込んだ政局となるのは、大正四年七月末から八月初めにかけての大隈内閣留任問題である。同年三月に行われた総選挙で、同志会をはじめとする大隈派は二〇〇議席を超え、一方これまで衆議院の議席の過半数を占めてきた野党政友会は一〇〇議席余りと大敗した。この選挙によって第二次大隈内閣の政権基盤は安定したかに見えた。ところが五月下旬、この総選挙における政府の選挙干渉にからむ大浦兼武内相（事件当時は農商務相）の汚職事件が発覚、政界は大混乱となった。現職大臣の逮捕となれば初の不祥事であり、大浦は逮捕されて内閣退陣を招くことを恐れ、七月二十九日、天皇に辞表を提出した。

天皇は辞表を却下

天皇は慰留しようとしたが、三十日に大隈の要請で受理し、大浦はさらに一切の公職を退いて謹慎した。

翌三十一日、大隈も事件の責任をとるとして閣員一同とともに辞表を天皇に提出した。天皇はその場で辞表を却下しようとしたが、大隈の要請で留め置き（保留）となり、大浦以外の辞表の扱いについて相談のため直ちに元老が招集された（『山県有朋談話筆記』）。

大正天皇としては、大隈への厚い信任からこうした措置に出たのであろうが、さすがの大隈も、天皇に辞表を出したその場で天皇から却下されたためとして辞表を撤回すると、明らかに天皇に政治責任を転嫁したことになり、とても世間が収まらないと考えたのである。もちろん以上の経緯が新聞で報道されることはなかった。ただし、大隈は事態収拾の必要上、このあと山県など関係者にはこの経緯を話すので、まもなく政界や報道関係者には広く知られるようになった（『原敬日記』同年八月六日・八日・九日・十一日など）。

山県の腹づもり

当時小田原で静養していた山県は、自分の配下に適当な候補者がいないことから大隈留任の腹であったが、同日午後に上京直後、一連の経緯を大隈から聞いて大変驚いたようで、天皇に対し、「由来国政の大義に当りては能く御熟考ありて、事を苟《いや》しくも為し給はざるべき事は、陛下に於せられても熟知し給ふ所にして、老臣も常に言上せる所〔中略〕諸元老の意見一と通り御尋ね之れ有り、然る上にて聖断あらせらるる様」（『山県有朋談話筆記』）、つまり、軽率な決断をしないよう諫言した。

閣内の亀裂

結局八月三日、元老の協議を経て辞表は却下となったが、大浦に加え、大隈の方針に不満を持ち始めていた加藤高明外相・若槻礼次郎蔵相・八代《やしろ》六郎海相らも辞表を撤回せずに辞職したため、大隈は八月十日に後任を補充した。

三浦梧楼の観測

こうした経緯から、長州閥の枢密顧問官三浦梧楼のように、「大隈ハ先帝ハ先帝ナリ、今上陛下ハ其御考ニヨラサルヘカラスト云フガ如キ事ヲ申上ケテ陛下ノ御心ヲ動カシ奉リ、又恐多キ事ナガラ陛下モ未タ政事上御経験モアラセラレス且ツ御気質モアル事ナレハ、自然彼〔大隈〕ハ宮中ヲ恣《ほしいまま》ニスル由々シキ弊ヲ生セスト云フヘカラス」と、天皇の政治経験のなさや性格から大隈が天皇を自在に操っていくのではないかとして、山県に対抗策を迫る動きも出たほどだったが、すでに政治的影響力を低下させていた山県はこれを黙って聞くだけだった（『原敬日記』大正五年四月四日）。この三浦の発言は、天皇の頼りなさの原因を、経験の少なさだけでなく天皇の性格にも求めている点で注目に値する。

3　混迷する政局と天皇

辞職に伴う大隈と山県との確執

大隈内閣はこのあたりから政界で次第に評判を落としはじめた。特に貴族院の反感が強く、山県ら元老の協力でようやく大正五年初頭の議会を乗り切った。大隈はその代償として同年六月二十四日、内閣総辞職を決意し、その旨を天皇に内奏（非公式に意思を伝えること）した。大正天皇は元老山県を後任選考に当らせたが、後任に同志会総裁加藤高明を推したい大隈に対し、山県は寺内正毅《まさたけ》を推して譲らず、七月二十六日に大隈は天皇に寺内では満足できないとして辞意を取り消す旨を内奏し、天皇も、「然《しか》ラハ汝《なんじ》其ノ儘滞任セヨ」（「大隈首相トノ交渉顚末」）とこれを受け入れてしまった（「大正天皇と山県有朋」）。

山県の再度の諫言

面子をつぶされた山県は、「君主ノ一言ハ甚ダ重クシテ国家ニ至大ナル関係ヲ及ホスヘキモノナレバ、常ニ慎重ニ慎重ヲ重ネテ軽々シク事ヲ即断シ給フ可カラサル〔中略〕斯クテハ　陛下登極ノ際賜ハリタル勅語ノ御趣旨ニモ背クニ至リ、老臣等補〔輔〕翼ノ責ヲ尽スコト能ハサル」（「大隈首相トノ交渉顚末」）、つまり、軽率に決断しないこと、元老にいったん委任したからには筋を通すべきことを再び諫言した。直接的には大正天皇の厚い信任を得ていた大隈への警戒感から出た言葉であろうが、君主の判断に誤りがあったと広く認識されることになれば君主制の存続に関わる以上、山県の諫言は一般論としては妥当である。もっとも、大正天皇の践祚直後に、自己の政治的な都合で、不適任な人物を内大臣にした山県に諫言する資格があるか、という議論は成り立ち得るが。

大隈の辞表

ただし、大隈は、次の議会でも内閣が貴族院を乗り切ることができる見通しは立たず、十月四日、後任首相に加藤高明を推薦することを明記した辞表を出した。後任人事を明記した辞表は異例であり、辞表の文面が直ちに新聞に掲載されたのも異例である。これに対し、大正天皇は直ちに元老山県を呼び、「大隈は只今辞表を提出したり、然れども之れ通常の辞表に非《あらざ》るが如し、今後の処置如何」と質問した。これに対し山県は、第一次大戦に参戦中である以上、挙国一致が必要なので政党内閣には反対であるという意見を述べた後で、「思ふに大隈首相は其の信ずる所に関し種々言上せる所あるべし。今陛下後任を命じ給ふに当り能く利害得失を講究あらせられ然る後に御判断あらせらるるを要す」と、三たび熟慮の上結論を出すよう諫言した（『山県有朋談話筆記』）。山県が一方的に自分の考えを天皇に押し付ける形をとっていないことに注意すべきである。なお、大隈はこの辞表をただちに新聞にも公表したが、この措置も前例がなかった。

唯一の聖断

大正天皇は統治権の総攬者として究極の判断（聖断）を迫られた。伊藤之雄氏は、この事例を大正天皇が唯一聖断を迫られた事例としている（「山県系官僚閥と天皇・元老・宮中」）。しかし、本書で見てきた通り、参戦問題も対華二十一か条問題も、御前会議の参加者間に異論が存在した以上、やはり形式だけでなく実質的にも聖断が迫られた事例である。ただし、今回は、参戦問題や対華二十一か条問題の場合より事態は深刻であった。

元老と内閣

これまで元老と大隈（あるいは大隈内閣）が対立した場合、大正天皇は常に大隈側の意見を尊重してきた。それらはいずれも大戦参戦や二十一か条要求など、いずれも憲法上、担当大臣の輔弼（助言）に基づいて天皇が決定を下すべき事案であったから、仮に単なる鵜呑みであっても内閣側の意見をとることで筋が通っていた。

寺内正毅を首相に任命

これに対し、首相の任命は憲法上、天皇の大権事項なので、このことに関して意見を述べる権利がある人々（首相・内大臣・元老など）がそれぞれ別の人物を推薦してきた場合、その行方は大正天皇自身の判断にかかっていた。この場合、大正天皇に決断する自信がないならば、大隈と元老に対し、もう一度協議して後任候補を一本化せよという指示をするのが一番無難な選択だった。しかし、大正天皇は、今の言葉で言えば非民主的政治家の象徴として世論からの悪評高く、政治的影響力も衰えつつあった元老山県の判断を鵜呑みにし、世論が望まない寺内首相を任命したのである。大正天皇はまたしても広く社会から政治的な威信を獲得することはできなかった。

こうして、寺内は十月四日に組閣の大命をうけたが、政友会を嫌う山県の期待に反し、挙国一致を目指して同志会・政友会両党からの入閣を策したものの失敗し、九日に成立した寺内内閣は久しぶりに政党とは無関係の超然内閣となった。山県からも憲政会（十月十日に同志会と大隈系諸派により結成）からも見放された寺内は政友会と提携していく。

米騒動

そうした中、大正七年七月二十二日、富山県での騒動が発端となって、全国で米騒動が吹き荒れた。大戦景気の影響による米価の急騰と、シベリア出兵のための米の大量移

米　騒　動（焼き打ちされた鈴木商店）

出が契機となった。シベリア出兵は、ロシア革命の牽制と日本の沿海州権益獲得のため計画され、七月十六日大正天皇の裁可を得、八月二日出兵実施が宣言された。米騒動ははじめ富山県内だけだったが、八月八日ごろから他の地方に波及し、十日に京都で発生したあと急速に全国に広まり、十三日以降は首都東京にも飛び火した。人々は米屋に押しかけ、米価の廉売を要求し、受け入れられないと打ちこわしや焼きうちを行った。政府は鎮圧のため、八月十四日夜以降騒動の報道を一時差し止めるとともに、同月十六日以降のべ五万七〇〇〇人にのぼる軍隊を出動させた。しかし、米騒動は九月十二日までの間に全国の三〇〇ヵ所以上で発生し、少なくとも七〇万人以上の人々が参加した（『米騒動の研究』第一巻・第五巻）。

天皇の対処

八月六日から日光田母沢御用邸での避暑に入っていた大正天皇は米騒動にどのように対処したのか。水野錬太郎《れんたろう》内相は、八月十二日、侍従職を通じて天皇に米騒動の状況を報告した。これに対し、天皇は翌日、皇室財産から政府を通じて各府県へ三〇〇万円（現在の約六十億円に相当）を下賜した。

避暑の切り上げ

ただし、政府は皇室の対応がこれだけでは不十分とみて、十七日に天皇に急遽帰京を要請した。寺内首相から宮相宛の要請文には、「過日御賑恤《しんじゅつ》の御思召《おぼしめし》を以斉《ひと》しく蘇生の思有之候事と確信致候得共、時節柄下民と御同憂の　御思召に基き、御避暑の期日を繰上け　還幸啓の御沙汰御仰出候は、上下一般倍々《ますます》御仁徳を欽仰して人心茲《ここ》に安定可致」（『寺内正毅内閣関係史料』下）と、避暑を切り上げて直ちに帰京してくれれば天皇の同情心がさらに明確となり、人心が安定し、天皇の評判も上ると書かれている。

世間の批判的な雰囲気

天皇はこれを受けて二十一日に帰京したが、政府が早急な帰京を促した背景には、自分は避暑地でくつろぎながら金だけ出すという天皇の対応に対し、一般の人々の多くが批判的だったことがあった。もちろん、当時にあって、そうした人々の意向が報道されることはありえない。しかし、法曹雑誌『法治国』九月号に「避暑地より三百万円の御下賜呼々有難し」という俳句が掲載されたこと、十月八日、首相就任直後の原敬が中村宮相に「世間ニテハ皇室ニ非常ノ御歳入アル様ニ言フハ誠ニ恐多シ」（『原敬日記』）と述べたことなどから、金だけ出して帰京しようとしなかった大正天皇の対応について、上に立つ者の務め（「ノーブレス・オブリージュ」）として、率先して危局に対処しようという態度がみられないことに批判的な雰囲気がかなりあったことは明らかである（『米騒動の研究』第五巻）。

虚弱体質の不運

もっとも、すでにみた詩歌の内容からして、大正天皇には自分だけ安楽をむさぼろうという意思はなかったと考えられる上、避暑は虚弱体質の大正天皇にとって必要不可欠な措置であった。大正天皇の虚弱体質は、いざという時に皇室の評価を落とす方向に作用した。ここに虚弱な体質に生れついた大正天皇の非運が見て取れる。

寺内内閣退陣

米騒動の責任を痛感した寺内は、体調不良を名目に退陣に動き、後任には人望があり、かつ衆議院の過半数を占める政党政友会の総裁でもある原敬が有力となった。しかし、政党内閣を嫌う山県は、これをやむをえないと知りつつも直接原を天皇に後任として推薦することを回避するため、九月二十一日、寺内が辞表を天皇に提出したあと、元老と大隈に個別に後任についての天皇からの諮問があった際、後任首相に西園寺を推薦した。

その際、「陛下先年御病気後込入リタル事ハ御面倒ト思フニ付、覚書ヲ差上ケ其趣意ヲ口頭ニテ御伝へアル手筈ナリシニ、其覚書ヲ直ニ御下付アリテ閲覧セシメラレタルハ全ク手違」（『原敬日記』九月二十三日）、つまり、大正天皇は山県が渡したメモを読み上げずにそのまま西園寺に渡してしまった。

天皇の心労

実は大正天皇は心労が次第にたまり、神経質な行動が目立ち始めていた。先ほどの波多野宮相の発言もその例であるが、和歌からも察せられる。早くも大正三年に「おしなべて人の心のまことあらば世渡る道はやすからましを」、「思ふ事うちにこもればおのづから色にも出づるものにぞありける」という作品があり、四年に「しづかなる山の姿を心にてあらばよはひも延びざらめやは」、六年に「しばらくは世のうきことも忘れけり幼き子らの遊ぶさまみて」、七年に「さやかなる月にむかへばなか〳〵に心ぞくもる昔しのびて」、「天の下くまなくてらす秋の夜の月を心のかゞみともがな」、八年に「降る雨の音さびしくも聞ゆなり世のこと思ふ夜はのねざめに」などの作品がある。いずれも、統治権の総攬者としての自覚や、明治天皇の業績を無にしたくないという意志がありながら、どの人物を信頼すべきか、度重なる重大問題にどう判断すべきか、自信が持てずに苦悩する心境がにじみ出ている。今回の政変での西園寺への対応も、自信のなさのあらわれとみるべきである。

原敬に大命降下

ただし、衆目の予想どおり、西園寺は事実上その場で拝辞し、二十七日に原に大命降下となった。大隈は、はじめは大正天皇に対し元老を罵倒して加藤高明を推薦するそぶりを見せたが、結局は原を推薦したため、このような結果となった（『日本政治史』二）。原内閣は二十九日に成立。いうまでもなく久しぶりの政党内閣であり、衆議院議員の首相就任は初めてで、新聞や論壇からも好評であった。閣僚のほとんどが政友会代議士で占められたことと合わせ、日本初の本格的な政党内閣といわれる所以である。

原の施策

原は、同年十二月の東大新人会結成、翌年二月の普選期成同盟結成、大正九年五月の第一回メーデーなど、盛り上がりはじめた普選運動や社会運動にくみせず、小幅な選挙権の拡大などで社会の急激な変動を防ぎながら、大戦景気の余波をかって産業基盤の拡充を図り、世界の風潮に乗って軍縮・協調外交路線をとり、官界や貴族院に政友会の力を及ぼすことに努めた。こうした施策が成功して政権は磐石に見えたが、途中から戦後恐慌がはじまり、対応に遅れて世間の不満をかった原は暗殺の対象となってしまう。そしてそれより先、大正天皇もついに不治の病に倒れるのである。

座右の銘

大正天皇は、皇太子時代に侍講三島《じこう》毅《つよし》から習った王陽明『伝習録』の一節、

無善無悪是心之体（善も悪もないのが心の本来のすがただが）
有善有悪是意之動（善や悪が生じるのは意が動くから）
知善知悪是良知（善と悪をわきまえるのは良知のはたらきで）

為善去悪是格物　（善を選んで悪をしないのが格物ということだ）

を三島に揮毫《きごう》させ、座右の銘としていた（『近代日本の陽明学』）。

しかし、大正天皇がこの座右の銘を実行できたとは言いがたい。大正天皇は、当時の時代状況の中で、国家としての日本や、天皇がどのように行動すべきかということについて、確固たる見識を持っていた兆候がない。そのため、決断を迫られるたびに混迷を深めることになった。そして、大正天皇は、こうした混迷による心労が重なった結果、不治の病に倒れることになるのである。

第四　摂政設置から死去まで

一　摂政の設置

1　体調の悪化

宮内省の公表

大正天皇の体調が継続的に悪化していることが、宮内省から初めて公表されたのは、大正九年（一九二〇）三月三十日のことである。この体調の悪化は、原 敬《たかし》が首相に就任して間もない大正七年の年末から始まった。

早めの静養

その手がかりの一つは、山県閥の一人である石原健三宮内次官が大正八年七月二十二日付で山県有朋《やまがたありとも》に送った書簡である。石原は、まず、これまでは明治天皇の命日（七月三十日）の祭式をすませて八月上旬に静養に向かっていたが、「兼々《かねがね》御賢察も被為在《あらせられ》候《そうろう》通り、昨冬頃より諸御様子殊《こと》に近来之御情態は誠に恐入候次第に有之《これあり》、此際玉体《ぎょくたい》之御安静を相願候事最も急務に可有之《これあるべく》奉存《ぞんじたてまつり》候」（『山県有朋関係文書』二）、つまり、山県がこれまでも心配していたように昨年の冬から様子がおかしくなり、特に最近の状況は大変なので早めに静養に入ったと述べている。「兼々」とあることから、数ヵ月前から変調が見られたことがわかる。

長びく風邪

石原の書簡の内容を裏づけ、さらに深めるのが、海軍出身の侍従《じじゅう》武官四竈孝輔《しかまこうすけ》の日記（『侍従武官日記』）である。それによると、大正天皇は大正七年十二月二十五日ごろから風邪にかかり、帝国議会の開会式を欠席した。風邪が治らないままで迎えた大正八年の正月行事は、元旦早朝の行事（四方拝歳旦祭）に欠席した以外は予定通り行われたが、そのためか風邪は長引き、一月末から葉山に静養に出かけた。二月十一日の紀元節には帰京して諸行事に出席の予定であったが、なお体調が悪いと判断され、諸行事（宮中宴会、憲法発布三十周年祝賀会など）は載仁《ことひと》親王が代理をつとめた。天皇が帰京したのは三月下旬だった。大正天皇が十二月末以来、四ヵ月近くにわたって体調を崩していたのである。

脳障害の疑い

この静養中の二月十五日、原首相は葉山で大正天皇に面会し、石原次官から天皇の病状について、葉山到着後微熱が続いてまだ入浴も散歩もなく、侍医によれば、「御脳ノ方ニ何カ御病気アルニ非《あ》ラスヤ」ということで困惑していると聞いている（『原敬日記』）。

言語に障害

かなり初期の段階から脳障害の発症が疑われていたことがわかる。

ただし、原自身が大正天皇に会った印象としては、「別段ノ御様子ナシ」、つまり特に変ったところはなかったとしており、原はまだ重大な事態であるとは考えていなかった。ただし、七月十九日に面会した際には、天皇の話しぶりについて、「少々御趣旨不明ノ点アレトモ」と書いており（同右）、原は天皇の変調を察知しはじめていたと考えられる。

その後、四竈は四月二十九日から七月十三日まで、天皇から海軍の南洋諸島防備隊の視察に派遣され、七月十六日に面会して報告を行い、八月六日、久しぶりに日光田母沢御用邸で静養中の大正天皇の相手をつとめた。その際の日記に、「聖上御気色は何時にも変り給はざるも、御体力は何処《どこ》と言ふに非ざるも稍々《やや》御減退あらせられたるには非ずやと拝察し奉《たてまつ》る点なきに非ず。時々御言葉の明瞭を欠くことあるが如《ごと》きは、近来漸《ようや》く其の度を御増進あらせられたるには非ずや」と書いている。大正天皇に元気がないだけでなく、言語障害が進行したことがわかる。

石原の書簡の内容と合わせると、「近来漸く其の度を御増進」とあるのは、七月中旬から発症して悪化したのではなく、それ以前に四竈が天皇に接していた四月末までには発症していて、その後悪化したとしか考えられない。要するに、大正七年末に体調をくずしたことが直接の引き金となって死にいたる病を発症したのである。

心労が体調悪化の原因

さらに、先に引用した石原の書簡には続いて、ここ三年ほどは葉山や日光に滞在中は大正天皇の気分が静まって体調も良くなるとあり、今年のように「国事多端」の時に早くからの避暑は「内外之思はくも如何哉に被存」、つまりいろいろ批判が出るであろうが、「昨今些末《さまつ》之事柄にも無謂《いわれなき》御憂念被遊《あそばされ》候事不尠《すくなからず》、終始御心神を労せられ候に付、速に京地を離れて御静養相願候事肝要に可有之《これあるべし》」、つまり、最近は些細なことにも神経質になる度合いが増したので、早めに東京を離れて静養させたと書いている。石原はさらに、天皇の体調好転を図りたく関係者で協議しているが、「十分之成案も相立不申《もうさず》」と苦慮する様子を書いている。天皇としての心労が体調悪化をもたらすという因果関係が明らかである。

海軍大演習での勅語朗読に支障

その後も大正天皇の体調は好転せず、大正八年十月下旬に房総半島沖で行われた海軍特別大演習の際には、乗船予定の軍艦摂津《せっつ》に「軍艦として不相応の設備」（『侍従武官日記』同年八月二十七日）までして臨んだにもかかわらず、「御朗読相成難キ」ため、十月二十八日の演習終了時の勅語は自分で朗読できず、軍令部長が代読した。十一月六日にこの話を知った原首相は、山県とともに「真ニ憂慮」し、「夫《それ》ニ付テモ皇太子殿下ニ今少シク政事及ヒ人ニ接セラル、事等ニ御慣遊ハサル、必要アリ」として「御成婚前欧米御遊歴ノ必要」を語り合った（『原敬日記』）。

皇太子裕仁の外遊構想

第一次大戦でロシアやドイツなどの君主制は崩壊し、大国で君主制が残るのはイギリスとイタリアだけであった。原首相や元老らにとって、皇太子に社交性を身につけてもらうだけでなく、そうした実情を見てもらい、摂政《せっしょう》予定者、次期天皇としての政治的な自覚を高めてもらうねらいが外遊構想に込められていたことはまちがいない。

原敬の憂慮

さらに、天長節祝日の簡単な勅語の朗読にも支障が出たため、侍従長が帝国議会の開院式における勅語の朗読に支障が出ては「一般国民ニ対シ如何ナル感ヲ出スヤ心配」していることを知った原は、「御幼年ノ頃脳膜炎《のうまくえん》御悩ミアリタル事故御年ヲ召スニ従テ御健康ニ御障アリ」、つまり幼時の脳膜炎が遠因という侍従長の説明もふまえ、「臣下トシテ殊ニ余当局トシテ国家皇室ノ為メニ真ニ憂慮シ居レリ」と、こうした事態によって天皇の権威が揺らぐことに危機感を覚え、「只国家皇室ノ為メ至幸ナルハ皇太子殿下極メテ御壮健ナル事ナリ。夫レニ付テモ御教育上今一段ノ御注意ヲ切望スル」（同右十一月八日）と書いた。

皇太子への期待

原首相は、大正天皇の言語障害という病状を天皇の権威をゆるがせるものとして深刻

原の求める天皇像

に受け止め、元来病弱な大正天皇より、健康な裕仁《ひろひと》皇太子に皇室の将来を託するようになったのである。すなわち、大正天皇が勅語を朗読できないことに対する憂慮の深さや、裕仁皇太子に早く政治や交際になれることを希望していることから、原と山県は、大正天皇が早晩死去するか統治能力を失うことを予期し、裕仁皇太子が践祚するか、あるいは摂政となる可能性を想定し始めていたことがよくわかる。

ちなみに、『原敬日記』の一連の記述や、山県やその子分格の人々の書簡での記述などから、山県は天皇の統治能力として、決断力を（その前提として理解力も）重視していたが、原は、人前での立派な振舞いといった、国家・政府の権威づけとしての役割を重視していたことがわかる。のちの記述であるが、原が大正九年九月に枢密《すうみつ》顧問官三浦梧楼《ごろう》に「何分ニモ参謀本部ニ〔ハ〕山県ノ後援ニテ、今ニ時勢ニ〔ヲ〕悟ラス、元来先帝ノ御時代トハ全ク異リタル今日ナレハ、統率〔帥〕権云々ヲ振回スハ前途ノタメ危険ナリ、政府ハ皇室ニ累ノ及ハサル様ニ全責任ノ衝ニ当ルハ即チ憲政ノ趣旨ニテ、又皇室ノ御為メト思フ。皇室ハ政事ニ直接御関係ナク、慈善恩賞等ノ府タル事トナラハ安泰ナリ」（『原敬日記』九月二日）と語ったことはそれをよく示している。「時勢」云々の言葉は、第一次大戦を通じてロシアやドイツの君主制が崩壊し、イギリスの王室が国民感情に配慮した行動をとったこと（『王室・貴族・大衆』）を指していると判断できる。

原と山県の共同歩調

ただし、原が皇太子外遊を促進したことから、事情をきちんと理解した上で、立場にふさわしい振る舞いや発言ができる天皇でなければ、国家の権威づけという役割を果せないと考えていたこともまちがいない。原も山県も保守的な政治家であるから、日本の共産化を防ぐために、当時の国家体制を何らかの形で権威づけることが必要であり、そのためには明治天皇のようなしっかりとした理解力を持つ天皇が必要であると考えていたため、皇太子の外遊や摂政設置について、共同歩調をとることができたのである。

さて、その後も、大正八年十一月末に予定されていた恒例の海軍関係の諸学校の卒業式への行幸は、裕仁皇太子や他の皇族が代理を務めた（『侍従武官日記』）。大正天皇は、十二月中旬に関西で行われた陸軍大演習には行幸したものの、左足の不自由さが拝観人にもはっきりわかるほどであった（『原敬日記』十二月二十五日）。

議会開院式を欠席

十二月二十六日に予定された議会開院式への行幸は、勅語朗読の練習がうまくいかないため、前日になって松方正義《まさよし》内大臣は原首相に対し中止を希望した。原は、「万一ニモ勅語御朗読難相成様ニテハ、国民一般ノ失望落胆此上モナキ」として承諾したが、昨年に続いての欠席は議会軽視と世間に誤解されるかもしれないので、病気であることは発表する必要がある、しかし「御大患ノ様ニ国民ニ感セシムルモ如何」と考え、波多野《はたの》敬直《よしなお》宮相と相談の上、足の痛みで歩行困難のため臨席中止と発表され、勅語は原首相が代読した（同右）。

その後大正天皇は、元旦の拝賀式に顔を出した以外はほぼ引きこもり状態のまま、大正九年一月十九日、葉山に静養に向かったが、体調は快方に向かうことはなく、紀元節にも帰京することはできなかった。大正天皇は、紀元節など重要な儀式や宴席への欠席だけでなく、武官の親補職や文官の親任官への辞令交付時の辞令朗読さえ困難になりつつあった（『侍従武官日記』、『原敬日記』）。

2　事実上の引退

病状の診断書

そこで宮内省は、医師の診断に基づき、長期療養に入るため、病状を公表することを決意し、波多野宮相が山県ら元老《げんろう》、最後に原首相に諒解を求めた。諒解を求める根拠となった、東大医学部教授三浦謹之助と侍医頭池辺棟三郎の連名による同年三月二十六日付の診断書は、次のような内容であった（『原敬日記』）。

養生優先を提言

天皇は、幼時から青年期までたびたび重病にかかったため養生を最優先とした結果、

病因

結婚直前から体力がやや増進し、健康を保つようになったが、「劇務」にはつかず、やはり養生優先としていた。しかし、践祚《せんそ》後は「万事御多端」のため「近年御神経稍《や》ヤ過敏」になった上、二年前から内分泌臓器のいくつかが「官能失調」を起し、「御幼少時ノ脳膜炎ノ為御故障有之タル御脳ニ影響シ」、心身の緊張を要する儀式の際は体が傾くなど平衡を失うようになったので、政務を見る以外、儀式には参加せずに十分に静養することが必要である。

医学専門家によれば、死去までの経過から、大正天皇の病状は、なんらかの原因による脳細胞の崩壊が進行する変成疾患と考えられるが、真因は解剖しないとわからないため（『歴代天皇のカルテ』）、症状は判明しても原因確定は不可能であった。その証拠に、右の診断書には、内部資料であるにもかかわらず病名がつけられていない。当然、幼時の脳膜炎と天皇就任後の心労以外に要因を探すことは困難だったと考えられる。

なお、大宮治という一般市民の方が、宮内庁に対し大正天皇の闘病経過に関する記録（侍医の拝診記録など）の開示を求めて最高裁まで争ったが、平成十六年三月に敗訴した（ご本人から送付された訴訟資料一式による）。ただし、現在見ることができる史料からも右のようにかなりの程度病状経過を推定することができる。

枢密院への内示

さて、この診断書は原首相の諒解を得て、四月二日の枢密院本会議の際に枢密顧問官に内密に示された。枢密院が践祚に伴う改元や、摂政設置手続きに関わる機関であることを考えれば、波多野と原によるこの措置は、やはり彼らが早晩践祚か摂政設置が避けられないと判断していたことを示している。

宮内省の病状発表

そして、原の了承を経て宮内省が三月三十日に発表した文章（第一回病状発表）は、次のようなものだった（『大正天皇御治世史』、以下、発表文の出典はすべて同じ）。

陛下践祚以来、常に内外多事に渉《わた》らせられ、殊《こと》に大礼前後は各種の典式等日夜相連り、尋《つい》で大戦の参加となり、終始宸襟《しんきん》を労せさせ玉ふこと尠《すくな》からず。御心神に幾分か御疲労の御模様あらせられ、且一両年前より御尿中に時々糖分を見ること之れあり、昨秋以来時々挫骨神経痛を発せらる。之《これ》が為《た》め本春葉山御避寒中は政務を臠《みそな》はさる、外は専ら玉体の安養を旨とせられ、毎日御邸内を御散歩あらせられ、又稀には自動車にて近傍の御遊幸を遊ばさる、等御慰安を主とし、御摂生を勉めさせられ、平年ならば最早還幸 被仰出《おおせいだささるる》 時期なれども、侍医の意見に因《よ》り、本年は今暫《しばら》く御静養の為駐輦相成ること、ならん。

天皇権威への配慮

診断書に沿った記述も見られるが、病状については神経痛などとされ、言語障害や不自然な体の傾斜といった、宮中や政府が真に気にしている症状は伏せられている。糖尿の話は診断書にはないが、のちの内部資料（大正十二年十二月三日付「大正天皇御静養方針」）には出てくるので事実と考えられる。いずれにしろ、宮内省や元老、原首相らが天皇権威の失墜をいかに恐れていたかがわかる。この発表以後、大正天皇は書類への署名と、原首相など必要最小限の面会を受ける以外は静養に専念し、式典などへの行幸や陪食、大部分の面会は裕仁皇太子と節子《さだこ》皇后が代行していく。大正天皇は、これ以後事実上引退状態に入ったのである。多数の人々の前に姿を現したのは元旦の拝賀式が最後となった。

山県は摂政設置慎重論

同年六月中旬、松方内大臣が山県に、「陛下御病気ニ付摂政ヲ置カル、事ニ決定ヲ要ス」と述べたのは、こうした状態を考えれば、松方の職責上当然のことである。しかし、山県は、「其事ハ重大ノ事ナリ、御病気ニハ相違ナキモ摂政ヲ置カル、事トナルニハ先以テ皇后陛下ヲ始メ奉リ皇族方ノ御考モ承《うけたまわ》ラサルヲ得ス、又大隈ノ如キ屢々《るる》拝謁モナシ居ルニ付御病気ハ去ル事ニハアラスト云ハンモ知レス、斯《か》クテハ実ニ重大ナル事件ヲ惹起《じゃっき》スノ虞《おそれ》アリ」（『原敬日記』六月十八日）と、二つの理由で慎重論を唱えてこれに応じなかった。

皇族の承諾

まず、皇族の承諾という点であるが、皇室典範《てんぱん》の規定を改めて確認しておくと、成年に達している天皇が政務をとれない状態になった場合、皇族会議と枢密院の判断で（ちなみに山県は当時枢密院議長）摂政を設置することになっていたが、皇族中には山県の力の及ばない海軍軍人も少なくなかった。また、一般社会への強い影響力を持つ大隈重信《おおくましげのぶ》は、首相退任後も時々天皇に面会しており、不用意に事を進めると大隈の批判を浴びて混乱が生じる恐れがあった。つまり、摂政設置による天皇の事実上の引退は、元老の一存ではできなかった。だれもが納得するような病状であることが必要だったのである。

原も慎重論に賛同

そしてこの山県の意向に対し、原首相は「余ハ遂ニ摂政ヲ置カル、必要ニ至ラン事ト恐察スルモ、夫迄ニハ度々御様子ヲ発表シテ国民ニ諒解セシムルノ必要モ之アルヘシ」（同右）と返答している。原は、いかにも政党政治家らしく、一般国民の合意形成という観点から山県の慎重論に賛成したのである。

二度目の病状発表

天皇の病状は、七月下旬に原首相が「御病気ニ付テハ拝謁ノ度コト只々感泣ノ外ナク」（同右七月二十四日）と日記に書いたように悪化を続け、七月二十四日、宮内省は原の諒解を得た上で次のような二度目の病状発表を行った。なお、波多野宮相は、皇室典範改正手続きの不手際のため辞任し、やはり山県系官僚の一人である中村雄次郎が六月十八日付で後任となっていた。

今上陛下近年機務御多端なりし為め、動《やや》もすれば心身の御疲労あらせられ、且御尿中に糖分を見、又挫骨神経痛に悩ませられ、御静養中なること曩《さき》に発表せし如くなるが、爾後《じご》是等の御症状は漸次《ざんじ》御軽快あらせられたるも、御疲労は依然事に臨みて生じ易く、御倦怠の折柄には御態度に弛緩を来し、御発言に障害起り明晰を欠くこと偶々之《たまたま》あり。されば日常万機を親裁あらせらる丶外は勉めて安易に御起居遊ばさる丶こと当分尚ほ必要なるを以て、厳粛なる御儀式の臨御、内外臣僚の延見等は御見合相成、一向御静養あらせらる丶筈なり。

現実の症状を発表

宮内省は前回の発表とのつじつまを合わせながら、はじめて現実の症状を公表し、天皇が事実上引退状態に入り、大部分の公務を皇太子や皇后が代行している実態を追認した。これが原や山県の意向を反映した措置であることはいうまでもない。

一方山県は、内大臣出仕として天皇に君徳を講じる人物を天皇の側近に送り込むという対策を中村宮相に提案し、中村は準備を進めた。山県はこの時期ほとんど大正天皇に面会していないためか、なお病状を楽観視していたのである。しかし、十月になって中村が西園寺公望《さいおんじきんもち》に相談したところ、天皇の病状は重く、もはや効果がないと反対されて沙汰止みとなった（同年十月三日付山県宛石原健三書簡〈『山県有朋関係文書』一〉）。

宮中某重大事件

こうした中、同年十二月に皇太子の結婚をめぐる紛争、いわゆる宮中某重大事件が勃発した。大正七年一月に皇太子妃に内定していた久邇宮邦彦王《くにのみやくにひこおう》の長女良子《ながこ》に健康上の問題があるというある医師の指摘があり、婚約を解消するか否かが政界を揺るがす大問題になったのである。山県や原は婚約解消を望んだが、紛糾の末、すでに天皇が認めたこととして婚約が発表されていたため、君主の決断を翻すことはできないという倫理上の理由から解消に反対する杉浦重剛《じゅうごう》ら右翼の議論に理があるということになった。この事件の報道は差し止められていたが、大正十年二月十日、突如宮内省が、皇太子の婚約は予定通りである旨を発表する形で決着がついた。ただし、皇后が内心婚約解消を望んでいたため、結婚の勅許、つまり正式の婚約は翌年六月二十日のことになる（『闘う皇族』）。

牧野伸顕の宮相就任

混乱の責任をとって中村宮相は辞任、二月十九日に薩摩閥で西園寺に近い牧野伸顕《のぶあき》が後任に就任した。山県も枢密院議長の辞表提出と爵位返上、元老拝辞を、松方も内大臣の辞表提出を天皇に対して行ったが、五月十八日、天皇が静養先の沼津御用邸に二人を呼んで留任を命じる書類（沙汰書）を下付して一件は落着した。本来ならば天皇が二人に直接申し渡すべきところであるが、天皇の言語障害が進み、五月初旬から、辞令交付な

深刻な病状

ど、従来は口頭の申し渡しもあるべき儀式でも書類を渡すだけになっていたのである（『原敬日記』五月四日）。これに先立つ四月二十三日には、大隈重信さえ、天皇に面会後、「陛下ハ果シテ御諒解アリシヤ否ヤハ疑シ」と一木喜徳郎《いちききとくろう》枢密顧問官に漏らし、一木は翌日原首相にこれを伝えた（同上四月二十四日）。ついに大隈も天皇の病状の深刻さを認め、原もそれを知ったのである。

事件の対処に判断できず

山県が秘書役の松本剛吉《ごうきち》に「事は頗《すこぶ》る重大なる問題であるから、直《じか》に聖断を仰ぐべき筈であるが、今日にては陛下は御脳の御宜しく無い時であるからそれも出来ず」（『大正デモクラシー期の政治』大正十年二月十日）と語ったように、この事件は天皇家内部の問題でもあり、皇室婚嫁令の規定上からも天皇の判断が重視されるべき問題であった。しかし、大正天皇はそれができない状態だった。しかも山県や松方も老齢で体調も悪く、事実上原首相が一人で政府側の対応を取り仕切った。宮相の後任人事、山県と松方の辞表への大正天皇の対応も、すべて原の意向が反映された。

裕仁皇太子の外遊

この問題に一応の決着がついた直後の三月三日から九月三日までの半年間、天皇の体調悪化が始まって以来具体的な課題となっていた、裕仁皇太子の外遊が実施された。さまざまな事情でアメリカ訪問は見送られたが、イギリスを中心にヨーロッパ各地を歴訪した。この外遊についても大正天皇は何の役割も果さなかった。重要な役割を果したのは節子皇后である。皇后は、万一の危険を考えて皇太子の外遊に強く反対した。しかし、原や松方など、政府・宮中の粘り強い説得の結果、事実上は節子皇后の許しが出たことによって外遊が実現したのである（『裕仁皇太子ヨーロッパ外遊記』）。

裕仁皇太子の外遊（宮内庁提供）

第三回の病状発表

なお、この間、四月十八日に第三回の病状発表が宮内省から行われた。もちろん原の了承の上である。「階段の御昇降には尚側近者の扶助を要させらるれども、御平常の御態度に弛緩《しかん》を来すことは殆《ほと》んど之れ無き様拝せらる。唯《ただ》御発語の障害は依然として特に御心身幾分の御緊張を要せらる、場合には御難儀に伺はる」ので依然静養が必要というものだった。

牧野の摂政設置手続きの調査

しかし、原が五月三十一日に「陛下病気ノ御近況ニ付、山県ト共ニ嘆息談ヲナシ、殿下御帰朝ノ上ハ速カニ摂政ノ御必要アルヘキコトヲ物語リタリ」と日記に書いたように、病状の悪化は進み、牧野宮相は六月下旬、部下に摂政設置の手続きについて内密に調査するよう命じている（「倉富勇三郎日記」六月二十三日）。

大正天皇は七月十五日から塩原御用邸に静養に向かったが、当時の記録によれば、出発時に上野駅で侍従に両手を抱えられてやっと歩ける状態であり、入浴や階段を怖がったり、突然興奮して暴れたこともあり、女官と遊ぶ時だけは落ち着いていた（『ミカドと女官』）。長時間の移動がむしろ病状を悪化させ、同行した側近に避暑は失敗といわせるほど体調の悪化が進行したのである（同右）。さらに、前年塩原で避暑したことや、かつてたびたび診察を受けた医師や李王家の跡継ぎ（李垠）などの記憶がなくなる状態にまでなっていた（『牧野伸顕日記』同年七月〜八月）。

皇太子のイギリスでの動向

七月八日、イギリスでの皇太子の動向をニュース映画で見た原首相は「御立派ナル御動静目撃スルガ如ク感激ノ至リ」と書き、さらに同席した山県・松方・西園寺らも「同感」であった（『原敬日記』）。やや内気で頼りない印象を政界上層部から持たれていた皇太子は、随員たちの努力により、外遊を通じて堂々とした振る舞いができるようになっていたのである。この映画は一般にも好評であり、随員たちの配慮で皇太子の旅行先での気さくな振る舞いや言動が大きく報じられていったこともあって、皇太子の人気は非常に高まった。外遊中の皇太子の行動や発言は、立場をわきまえた配慮あるものだった。それがため、特にイギリスでは、皇太子、ひいては日本についての好感度が高まったことが、随員たちの内部報告や関係者の証言からわかる（『裕仁皇太子ヨーロッパ外遊記』）。

皇太子の人気

九月四日、国民の間での皇太子の人気の高さを実見した原は、七日、松方内大臣に「摂政問題ノ遺憾ナガラ不得已事《やむをえざる》」と「皇太子殿下目下ノ御人気ニヨルモ此際異論アルヘシトモ思ハサレハ、先ツ元老諸公ノ議論ヲ固メ十月トモナラハ挙行然ルヘシ」と提案し、松方もこれに同意した（『原敬日記』）。原や元老たちは、皇太子の外遊が成功したことによって摂政設置は問題なく実施できると確信し、最終的な準備に入ったのである。

3　皇太子の摂政就任

こうして、大正十年十月から十一月にかけて摂政の設置問題は最終段階に入る。いよいよ摂政設置に踏み切る決断をした原首相は、牧野を督励して皇族や枢密院などに対し、天皇の病状や摂政設置手続きの説明などの根回しをした上で、十月四日、宮内省に次のような第四回の病状発表を行わせた。文中の「体量」とは体重のことである。

第四回の病状発表

陛下御容態は、本年四月発表の当時にありては、御栄養其他御身体の御模様、御宜敷方に在らせられ、其後引続き御静養中にして、御体量御寝食等は依然御変りなく、入御後の御運動は日々遊ばさるゝも、其時間減少し、通常御歩行の場合にも、側近者の扶助を要せらるゝことあり。且御態度の弛緩及御発語の故障も近頃其度を増させられ、又動もすれば御倦怠起り易く、御注意力御記憶力も減退し、要するに一般の御容態は時々消長を免れざるも、概して快方に向はせられざる様拝察し奉る。
陛下は御幼少の時、脳膜炎様の疾患に罹らせられ、且つ御成長の時機より御成年後に於ても、屢々御大患を御経過遊ばされし為め、御摂生を専一とし、御健康を害せられざる様御注意申上げ、爾来御健康を保たせらるゝに至れるも、大典の頃より御政務多端と相成、内外御軫念《しんねん》遊ばさるゝ事多きに従ひ、御心身御疲労の為め御精力幾分衰へさせられ、近時に於ては、前記の御容体を拝するに至れるは、洵《まこと》に恐懼に堪へざるところなり。

国民に対する根回し

今回の発表の特徴は、第一に病状の深刻さを明記していること、第二に、大正八年三月の診断書にあった、幼少時に脳の病気にかかったことやその後もしばしば大病を経験したことが初めて明記されたこと、そして第三に、従来の病状発表にあった「万機を親裁あらせらる、」という文言がなく、事実上もはや公務を遂行できなくなっていると公言したも同然であることである。この病状発表は、国民に対する摂政設置に向けての最終的な根回し作業であったと位置づけられる。

男子皇族への根回し

このあと牧野は男子成年皇族への根回し作業を行った。摂政設置に反対した皇族はいなかったが、朝香宮鳩彦王《あさかのみややすひこ》と久邇宮邦彦王から、天皇の同意を得られない場合どうなるかという質問があった。これは、摂政設置の必要性は理解した上で、手続き上の疑問点について質問したのである。牧野は同意を得るよう努力するし、得られる見込だが、法的には天皇の同意は不要である旨を答えている（『牧野伸顕日記』）。皇室典範にある、天皇に正常な判断能力がないから摂政を設置するという場合に該当する事例である以上、この牧野の見解が正しいことは明らかである。

原首相暗殺

そして十月二十五日には宮内省で摂政設置の詔書の草案が作成され、原首相も見ていた（『原敬日記』）。ところが、設置準備が大詰めに近づいた十一月四日、原首相が暗殺されてしまった。後任首相の決定過程は、表向きは通例どおり、内大臣が天皇の下問を受ける形で進行したが、永井和氏が指摘するように、実際には異例な形となった。牧野は原死亡の知らせを受けると直ちに参内するとともに松方内大臣に通知した。翌日内閣は辞表を天皇に提出、牧野・松方・清浦奎吾《けいご》枢密院副議長の合議で後任首相として西園寺が人選にあがり、小田原で療養中の山県の同意を得て六日に西園寺に打診した。しかし西園寺が断ったため、最終的に原内閣の蔵相だった高橋是清《これきよ》を首相とし、他の閣僚は留任という形で十一月十三日に親任式が行われ、高橋是清内閣が成立した。この過程を記した牧野の日記には「御下問」という言葉が一切出てこない。形式的には大正天皇が後任首相を任命したのだが、実際には天皇はまったく関わっていないのである。

高橋是清内閣の発足

今回の内閣成立の経緯は、天皇に正常な判断能力があると考えられる状態であれば、反政府派や新聞から天皇側近に対し、「大権私議」のような批判が大々的に巻き起こり、政変は免れないが、この時はそうした動きは一切なかった。大正天皇にもはや「万機を親裁」する能力がないことは明白であるが、摂政を立てる余裕がないまま後継内閣を作らなければならなくなってしまったという、究極の緊急事態だったからであると考えるほかはない。

究極の緊急事態

皇室会議

十一月二十一日、伏見宮邸に牧野と成年男子皇族が集まり、皇族会議の段取りについての打ち合わせが行われた。その席で朝香宮鳩彦王が、摂政設置自体には賛成だが、通常通り天皇の判断によるという建前で内閣更迭を行った直後の摂政設置に国民が納得するかと牧野に質問したが、牧野はそれを言い出すといつ摂政が設置できるかわからなくなるので決行したい旨を答え、朝香宮もこれに納得した（『牧野伸顕日記』）。

議長は裕仁皇太子

なお、皇室典範では、皇室会議は本来天皇が主宰するが、それができない場合は他の皇族が主宰することになっている。今回の摂政設置のための皇室会議は裕仁皇太子が召集者と議長をつとめたが、これは皇太子がすでに成年で、いうまでもなく皇位継承第一位で、皇族中最上位であるためと考えられる。

摂政の設置

翌二十二日、松方と牧野は天皇に面会し、摂政設置の必要性と手続きについて天皇に報告し、一応了承を求めた、しかし、天皇はただ「アーアー」と答えるだけで、「恐れながら両人より言上の意味は御会得遊ばされざりし」という状態だった（『牧野伸顕日記』）。

そして二十五日、皇室会議と枢密院の会議で裕仁皇太子の摂政就任が議決され、「朕《ちん》久キニ亘ルノ疾患ニ由リ大政ヲ親ラスルコト能ハサルヲ以テ、皇族会議及枢密顧問ノ議ヲ経テ、皇太子裕仁親王ヲ摂政ニ任ス」という詔書が発せられた。天皇の署名は裕仁皇太子が代筆し、摂政としての裕仁皇太子の署名（「裕仁」）も付された。天皇に判断能力がないから摂政が設置されるという論理からすれば当然の措置である。

こうして摂政となった裕仁皇太子（摂政宮と呼ばれた）は、就任翌日の十一月二十六日、

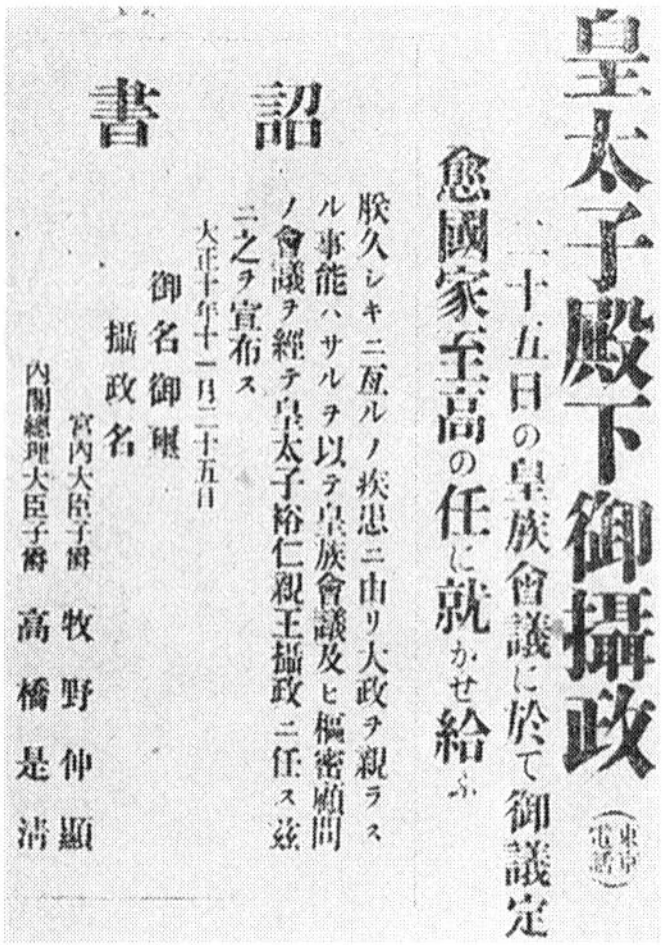
皇太子殿下御攝政 （東京電話）

二十五日の皇族會議に於て御議定

愈國家至高の任に就かせ給ふ

詔書

朕久シキニ亙ルノ疾患ニ由リ大政ヲ親ラスル事能ハサルヲ以テ皇族會議及ヒ樞密顧問ノ會議ヲ經テ皇太子裕仁親王攝政ニ任ス茲ニ之ヲ宣布ス

大正十年十一月二十五日

御名御璽

攝政名

宮内大臣子爵 牧野伸顯

内閣總理大臣子爵 高橋是清

裕仁の摂政就任を伝える新聞記事

祖父と父の統治方針に沿って代理を務めるので協力してほしいと国民に呼びかける趣旨の令旨《りょうじ》を発した。以後、摂政令の規定に従い、天皇が裁可すべき文書には、裕仁皇太子の筆で嘉仁《よしひと》の名と裕仁の名が併記されることとなった。

病状に自覚のない天皇

二十五日、正親町実正《おおぎまちさねまさ》侍従長が、摂政が使うため、印判（「可、聞、覧」などの印）を天皇のところから持ち去ろうとしたところ、天皇は「一度は之を拒ませられ」、その直後面会した内山小二郎侍従武官長に「先程侍従長は此処に在りし印を持ち去れり」と述べた。さらに十二月八日には、付き添いの当番だった四竈に対し、「己れは別に身体が悪くないだろー」と何度か話しかけ、四竈は「今日の御境遇誠に御痛はしき極みなり。尤も御自身には格別御病症御自覚あらせられざるものならん」と書いている（『侍従武官日記』）。

完全に引退

こうして摂政の設置とともに大正天皇は完全に引退した。もちろん、建前上は病気が治れば政務、公務に復帰するはずであったが、それを本気で信じていた人はほとんどいなかった。そして実際、復帰することなく死去に至るのである。

関係者の合意による引退

以上の経過（『青年君主昭和天皇と元老西園寺』）から、摂政設置は、牧野宮相ら宮内官僚の独走ではなく、当時直接大正天皇に接したほぼすべての人が政務や公務ができないと判断できるほど、大正天皇の病気が悪化したという事実に基づき、原首相や元老らが主導権を握り、皇族会議の構成員や枢密顧問官など、法規上決定に関与すべき関係者すべての合意によるものだったことがわかる。つまり、やはり病気による引退という定説が正しいのであって、原武史氏の「押し込め」という評価、つまり、大正天皇の開明的な政治観に反対する宮内官僚が大正天皇を無理やり引退させたというような評価は不可能なのである。

宮内省の病状説明

摂政設置問題の経緯で残る問題は、十一月二十五日の摂政設置と同時に発表された宮内省の病状説明を新聞で読んだ侍従武官四竈孝輔が、日記に「嗚呼、何たる発表ぞ〔中略〕余は茲に至りて宮相の人格を疑わざるを得ざるなり」と記したことの意味である。原氏はこの記述を「押し込め」説の重要な論拠としているので、検討の必要がある。

なお、この病状説明の全文は次の通りで、当時としては事実を最大限公表したものと評価できる。文中の「稟賦《ひんぷ》御孱弱《せんじやく》」とは生まれつき体が弱いという意味である。

> 天皇陛下に於かせられては、稟賦御孱弱に渉らせられ、御降誕後三週間を出でざるに、脳膜炎様の御疾患に罹らせられ、御幼年時代に重症の百日咳、続いて腸チフス、胸膜炎等の御大患を御経過あらせられ、其為め御心身の発達に於て、幾分後れさせらるゝ所ありしが、御践祚以来、内外の政務御多端に渉らせられ、日夜御宸襟を悩ませられ給ひし為め、近年に至り、遂に御脳力御衰退の徴候を拝するに至れり、目下御身体の御模様に於ては、引続き御変りあらせられず、御体量の如きも、従前と大差あらせられざるも、御記銘、御判断、御思考等の諸脳力漸次御衰へさせられ、御考慮の環境も、従つて狭隘《きようあい》とならせらる。殊に御記憶力に至りては、御衰退の兆《きざし》最も著しく、加之《しかのみならず》御発語の御障害あらせらるゝ為め、御意思の御表現甚だ御困難に拝し奉るは、洵に恐懼に堪へざる所なり。

四竃孝輔の怒り

注意すべきは、四竃の怒りの原因である。それは、「昨日までは叡慮文武の聖上と其の御聖徳を頌しつゝ、〔中略〕何の必要ありてか此の発表を敢てしたる」という点、すなわち公表のやり方にあった。つまり、四竃も摂政設置自体には反対していないし、病状説明の内容自体に異論があるわけでもない。四竃は病状経過を間近で見ていたのだから当然である。そして、四竈の対案は「此の発表無くば、世上或は聖上の御病患果して那辺に存せらる、やを揣摩臆測するものあらんも此の憶測は放任して可なり」というものだった（『侍従武官日記』十一月二十五日）。

四竈の立場

しかし、こうした対案が、原首相をはじめとする責任ある立場の人々のとるところではなかったことは、ここまでの論述から明らかである。四竈は、侍従武官という、軍事関係の取次ぎ役の一人に過ぎず、こうした発表が行われるに至った経緯を具体的に知る立場になかった。それは、彼の日記における十一月二十四日の「聖上陛下は出御あるも御裁可書類の御取扱い一も之なく、重大事件断行の時々刻々に切迫し来れるを知るを得べし」という記述や、翌二十五日の皇族会議についての「会議の模様は素より外間窺知する限りにあらざるも、仄聞《そくぶん》する所によれば」などという記述から明らかである。

事前の報道

しかも、四竈は「昨日までは叡慮文武の聖上と其の御聖徳を頌しつ、」と書いているが、十月四日の病状発表ではすでに「万機を親裁せらる、」という文言が消えており、新聞は数日前から皇太子の摂政設置をそれとなく、あるいは半ば公然と報じていた。たとえば、『東京朝日新聞』では、十一月二十日付夕刊（十九日発行）で「宮内省の重要会議」という見出しで、近日中に皇族会議と枢密院会議が開かれるのでその準備の会議が宮内省で開かれたという記事があり、同日付朝刊に「憲法及皇室典範に基き近く皇族会議御開催」という見出しの記事があり、「聖上陛下には、その後御機嫌弥々《いよいよ》麗《うるわ》しく日々表御座所に出御万機御総攬遊ばされつゝあるも」という記述もあるものの、「尚御心閑かに御静養を要すべき御容態に在し給ふ」として、「既報重要事項に関する皇族会議及び枢密院会議」が数日中に開かれると報じている。

国民に対する配慮

そして二十三日付朝刊には「皇室典範に依る摂政の規定」という「法学博士上杉慎吉氏談」があり、二十四日付夕刊（二十三日発行）にも「御大任近し　何人も異論なし」という見出しで、「皇太子殿下の重大御任務」についての牧野の関係者への根回しが進んでいることを報じる記事がある。いずれの記事も、突然の発表で国民に混乱が起きないよう、摂政設置が近づいたことを国民にもそれとなく知らせようという政府・宮中の配慮が働いたためとしか考えられない。同じような報道状況は他紙でも認められる。

四竃の心情

四竃の怒りの原因は、常に大正天皇のそばにいて、しかも大正天皇との人間関係がおおむね良好だったという彼の立場上、大正天皇に同情を抱きがちだったことと考えられる。他の侍従や女官たちの中にも、「後世にもこれだけのお上はお出ましはないだろう」とか「良い御隠居さんみたいに押しこめたてまつって」（『椿の局の記』）などと、四竃と似たような心理状態が見られたことはその傍証となる。四竈の日記の記述は、彼の置かれていた立場に強い影響を受けており、真相をついたものとは到底いえないのである。

引退後の世情

摂政設置以後の大正年間の主なできごととして、政治・外交では、大正十一年一月の大隈、二月の山県の死去、同月のワシントン海軍軍縮条約締結、十二年九月の関東大震災とその復興、第二次護憲運動をへて十三年六月の第一次加藤高明内閣（護憲三派内閣）成立による政党内閣時代の始まり、十四年四月の治安維持法、五月の普通選挙法（衆議院議員選挙法改正）の公布と、並行して労働運動や小作争議が増えつつあったことを背景とする無産政党結成の動きなどがあり、社会や文化の動きとしては、十四年三月のラジオ仮放送、同年七月の本放送開始、十三年十二月の月刊大衆雑誌『キング』の創刊（十四年一月号として）などがあげられる。大正天皇の践祚前後からあらわになりつつあった大衆社会化の波は、大正天皇の完全な引退後になって、軍縮平和と政治、社会、文化の大衆化という形で目に見えて進行したのである。

摂政の名で施策が実現

このうち、軍縮条約や政党内閣時代のはじまり、治安維持法と事実上抱き合わせによる普通選挙法の制定などは摂政の名によって実現した。元号が大正であっても大正天皇は何の関係もなかった。この時期の歴史の動き、特に政治・外交については大正天皇より昭和天皇とともに語られるべきである。

なお、この間の皇室関係の主な出来事としては、まず十二年十二月二十七日の虎の門事件（皇太子狙撃事件）があった。この事件は、時の第二次山本権兵衛《ごんべえ》内閣の総辞職を引き起こしたが、皇太子には怪我はなかった。ついで十三年一月二十六日には、関東大震災で延期になっていた皇太子の婚礼が行われたが、父大正天皇が宴席に姿を現すことはなかった。

二　死　去

1　死去までの経過

療養生活

摂政設置後の大正天皇は、療養に専念する生活に入った。夏期は主に日光（田母沢御用邸）で、その他の時期は沼津あるいは葉山に長期滞在した。この時期の大正天皇の動向については、大正十二年十一月まで侍従武官として間近にいた四竈孝輔の日記や、東宮《とうぐう》武官長で十一年十一月から大正天皇の死去まで侍従武官長も兼任した奈良武次《たけじ》の日記に詳しい。

引退後の病状発表

十一年十月七日、宮内省は約一〇ヵ月半ぶりに次のように天皇の病状の公式発表を行った（以下、公式発表はすべて『大正天皇御治世史』による）。

天皇陛下は、昨年十一月以来、専《もっぱ》ら御静養あらせられ、御体量、御栄養、御食気、御睡眠の如きは其の後格別御変りあらせられず、御運動は殆《ほとん》ど日課として御継続遊ばされ、日光御避暑中は、盛夏の候と雖《いえど》も午前午後一回づゝ、御苑を御散歩あらせられたり。御発語の障害、御姿勢の不整等は、時に因り多少の増減あるも、概して全体の御症状は特に著しき御変化なき様に拝し奉る。

静養の様子

四竈の日記を見る限り、この発表はおおむね事実と合致している。ちなみに、屋外での運動以外の時間は、主に侍従・侍従武官・女官たちと遊戯や雑談で過ごしたり、軍歌を歌ったりしていた。四竈はビリヤードや雑談の相手をしたり、特技の尺八を聴かせたこともあった。また、御用邸の警備のため派遣されていた近衛連隊の兵士たちが天皇に軍歌を聞かせたり遊戯を披露することもたびたびあった（『天皇兵物語』）。静養先にはだいたい皇后も同行していたが、遊戯や雑談などに参加することはほとんどなかったようだ。奈良の日記よれば、奈良や軍高官（皇族を含む）が面会する際には、天皇は、「お前は当番か」「之をお前に遣る」など何かひとこと言った上で、煙草や盆栽など手元にあるものを下賜することが多かった。

病状悪化を公表

十三年三月十六日、宮内省は久しぶりに次のように天皇の病状の公式発表を行った。

〔前略〕昨十二年葉山御避寒中は、一般の御容態御良好の方にあらせられしが、初夏の頃より軽微の腎臓炎に罹《かか》らせられ、御静養の結果、同症は漸次御快方に向はせられ、御運動其他の御起居は略々《ほぼ》御平常に復せらるゝに至れり、御食気は御変りなく、御体量は近頃御増加あらせらる。御発語、御記憶、御脳の御容態は、以前に比し幾分御増進の御模様に拝し奉る。

この発表もほぼ事実通りと考えられる。奈良の日記によれば、十二年四月以降、面会の際、天皇に元気のないことが増え、発言や下賜も減り始めた。同年九月一日の関東大震災の際は、天皇は日光に滞在中で無事だった。ただし、病状の悪化は進み、このころ田母沢御用邸で遊戯を見せるのに参加した近衛兵《このえへい》の回想によると、終了後、指揮官は、

関東大震災

「このたびの関東大震災の御衝撃で、いよいよ御病勢が御昂進《こうしん》遊ばされたと漏れ承《うけたまわ》る。あの御不自由な、御痛ましい御姿を拝し奉って、陛下の股肱《ここう》の臣としてのわれわれ軍人は、いかにして一天万乗の大君の御宸襟を安んじ奉ればよいのか、断腸の思いがする」

などと訓話して涙ぐんだ。この時、天皇は「フロックコートに山高帽」の姿で四、五人の侍従に支えられて姿を見せ、「間断なく頭を上下に振りながら、始終ににこにこして」いた（『天皇兵物語』）。

そして、この発表以後も病状の悪化が続いた。四竈の十二年十一月十六日の日記には、「実は昨日武官長より自分更迭の旨聖上に言上し、御許可を願いたるに、例の如く御領得ありし由なるを以て、今日の当番位或は幾分か御言葉その事に及ぶものなきや否やなど考へ居りしも、遂《つい》に何事も仰せられず。恐らくは何等御了解なかりしなるべしと拝察せらる。恐懼に堪へず」と記されており、十三年六月二十五日、奈良が天皇に皇后誕生日の祝辞を述べた際には、「御了解なきが如く拝せらる」という状態であった。

関東大震災（皇居前を埋めた罹災者）

銀婚式

十四年五月十日、天皇・皇后は結婚満二十五年の銀婚式を迎えた。新聞各紙は天皇・皇后の写真を掲げ、このことを大きく報じた。一木喜徳郎宮相は、「此の二十五年の間には申すまでもなく我が国の地位は一大飛躍をしたのであります」として、特に皇位継承後第一次大戦に参加し、戦後「我が国は一躍して世界の五大国の一となり、世界において有力なる地位を占めた」こと、さらに関東大震災後東京の復興が速やかに進んでいるとして、これらは「畢竟《ひっきょう》、御即位以来蓄積し来ったところの御聖徳を如実に証明するもの」と天皇を賛美する談話を発表し、加藤高明首相も、同様の内容に続き、天皇の速やかな回復が全国民の望みである旨を語った談話を発表した。当日、宮中では祝宴が開かれたが、もちろん天皇が出席することはなかった（『読売新聞』五月十日付朝刊）。

久しぶりの病状発表

それでも天皇は久しぶりに存在感を示し、三月から仮放送が始まっていたラジオを楽しんでいるなどの報道もあったが（同右六月二日付朝刊）、その直後の六月十八日、宮内省は一年三ヵ月ぶりに次のように発表した。

天皇陛下は、大正十三年四月及び本年二月軽微なる感冒の為め、又復御仮床に就かせられたることありたるも、目下御体温、御食気、御睡眠等一般の御容態は御変りあらせられず、御栄養は御優良にして、御体重は更に増加あらせらる。但し御脈数は変動し易く、御下腿には軽度の浮腫、時に隠顕することあり、御内苑の御散歩は毎日一回若しくは二回御試み遊ばさるゝも近頃に至り、御歩行は従前に比し幾分御難儀の御模様に伺ひ奉る。御脳の御症状は、特に著しく御増進あらせられざるも、御記憶力、御注意力等の如きは概して御快方に向はせられず、就中《なかんずく》連続せる御発言は御困難にあらせられると拝し奉る。

さらなる病状悪化

回復どころか、さらに病状が悪化したことが明らかにされたのである。新聞は同時に、皇后の手厚い看護ぶりも報じている。四竈はすでに転任しているので天皇の日常の挙動はわからないが、奈良の日記を見る限り、面会してもほとんど発言がないので、発表は事実と考えられる。また、奈良の日記によれば、夏期の田母沢御用邸滞在時には、毎日のように軍楽隊の演奏を聴いていた。これは沼津でも行われた（『天皇の影法師』）。

脳貧血

同年十二月十九日、天皇は、皇居内で軽い脳貧血を起し、二十一日から予定されていた沼津への避寒転地は延期され、大正十五年に入っても、年初に風邪を引いたため皇居にとどまった。その後五月八日には風邪が完治したが、五月十一日、再び脳貧血を起した（『大正天皇御治世史』）。まもなく回復したものの、奈良の日記によれば、その後、歩行訓練が試みられたが思わしくなく、乳母車による皇居内庭園の散歩などが試みられた。

葉山への転地

関東大震災で被災した葉山御用邸のうち、西付属邸の改築が終了したことから、八月十日、葉山への転地が行われた。皇居から駅までの自動車に侍医がはじめて二人同乗し、天皇が車椅子に座ったまま移動したことから、病状が進行して、もはや日光や沼津のような遠距離地への移動は困難となったためと考えられる。この際、原宿に新設された専用ホームが始めて使用され、人目につかない形で天皇が移動できるようになったが、生前このホームが使われたのは結果的にこの一回だけとなった（『可視化された帝国』）。

小康状態を保つ

葉山転地後、大正天皇の病状は小康状態が続き、付き添っていた皇后も来日したスウェーデン皇太子の接待のため一時帰京したほどであった。皇后の一時帰京中の九月十一日には再び軽い脳貧血が起きたが大事には至らなかった（『奈良武次日記・回顧録』）。

高熱を発す

ところが、十月末から半月近くも三十八度前後の熱が続いたため、佐賀県での陸軍大演習への摂政の行啓を取りやめることになった（同右）。そこで、十一月十一日、宮内省は約二ヵ月ぶりに天皇の病状について、「十月下旬以来御風気のため御発熱あらせられ、目下気管支炎の御症状を伺ひ奉り、御体温は三十七度乃至三十八度の間を昇降し、御食気も幾分御減退」などと発表し、同時に遠距離であることを理由に摂政の行啓取りやめも発表し、摂政は十二日にさっそく天皇を葉山に見舞った。以下、死去までの状況を、新聞記事と公式発表をまとめた『大正天皇御治世史』と奈良の日記を中心に見ておく。

数日おきの病状発表

摂政設置後、天皇の病気による摂政の公務取りやめは初めてのことであり、宮内省がいかに天皇の容態が悪いとみなしたかがわかる。宮内省は十三日に鉄道省に霊柩車（鉄道用）の準備を要請、鉄道省では御料車第三号を改造して充てることにし、十七日から工事が開始された（『大正天皇大喪記録』）。宮内省は、十九日以後、天皇の体温・脈拍・呼吸数や食欲など、詳しい病状を数日おきに発表しはじめた。

重態

一般の人々も天皇が重態であると認識した。天皇の滞在中の葉山では十四日から近隣住民の平癒祈願がはじまり、次第に全国各地に拡大していく（「大正天皇の大喪と国民」）。その後しばらくは一進一退が続いたが、十二月八日夜、天皇が呼吸困難に陥り、東京から急遽取り寄せられた酸素吸入器が使われる事態となり、天皇の容態悪化を伝える号外が出る騒ぎとなった。奈良は、正午過ぎに重態を知り、急遽葉山に駆けつけた。この日夜、天皇が右胸に気管支肺炎を発症し、意識がやや薄れ、食欲もさらに減退していることが宮内省から発表された。寝たきり状態が続いたため、痰が肺に入って重い肺炎を引き起こしたものと考えられる（『歴代天皇のカルテ』）。

盛んな報道合戦

この間、宮内省が病状悪化を隠していたという見解がある（『大正天皇の大葬』）。しかし、奈良が容体悪化を知ったのが九日の昼であるから、これは誤りである。ただし、奈良の日記によれば、この時点で「陛下御食事殆んど不可能の御容体」なので、九日夜の発表が深刻な病状を反映しているとは言いがたい。「東京にて号外を出したる新聞ある等誤伝多く、為に混雑し〔中略〕午後十一時頃東京に於て御容体書を発表す」という奈良の日記の記述から、盛んな報道合戦を沈静化するためにこのような発表内容になったと考えられる。当時、新聞は『東京日日』の六三万部、『東京朝日』の五一万部をはじめ、主要紙だけで三〇〇万部に達する勢いで、少なくとも八割方の家庭で講読されるという普及ぶりのため、激しい販売競争が行われていたのである（『天皇の影法師』）。

宮内省幹部の対応

この日以後、宮内省幹部はほぼ葉山に詰めきりとなり、葉山御用邸には皇族や生母柳原愛子《なるこ》などの親族、関係者や加藤死後内閣を引き継いだ若槻礼次郎《わかつきれいじろう》首相など高官の見舞いが相次いだ。十日には、イギリス留学中の秩父宮《ちちぶのみや》が急遽帰国することも決定し、二十二日にロンドンを出発するが、帰国は昭和二年一月十七日のことになる。また、パリで遊学中の東久邇宮《ひがしくにのみや》稔彦《なるひこ》親王は同年一月五日にパリを出発、二十九日に帰国した。

親族の見舞い

十一日には、元老西園寺のほか、予定を二日繰り上げて摂政夫妻が東京から見舞いに訪れた。摂政夫妻は、十三日にも早朝から高松宮《たかまつのみや》や澄宮《すみのみや》（のちの三笠宮《みかさのみや》）と見舞いに訪れた。ただし、閑院宮《かんいんのみや》の娘（華子女王）の結婚式はこの日予定通り行われた。

十三日夕方から体温が三十七度台後半に上昇、十四日朝には三十九度に達し、食事がゴム管による流動食に切り替えられた。この日帰京予定だった摂政夫妻は予定を変更して葉山滞在となり、以後死去までほぼつききりで看病に参加した。各皇族や柳原愛子《なるこ》なども再び葉山入りした。皇族や大官が急に頻繁に往来するようになった葉山では、警備の警官が二〇〇人も動員され、警察を管轄する神奈川県知事や同県警察部長も葉山に滞在し、電話線も急遽増設された。

皇族・重臣の面会

宮内省は十五日から一日二回病状を発表するようになったが、十六日午前、呼吸が浅くなり、不整脈が出始めると、宮内省は病状はさらに悪化したと判断、午後二時半にその旨発表するとともに、皇族や重臣らを集め、夕方天皇に面会させた。

二時半の発表が報道されると新聞各紙は号外を発行した。全国で町内会や学校単位のものを中心に平癒祈願や歳末行事、歌舞音曲自粛の動きが強まり、平癒祈願のため自殺する人物まで現れた（『天皇の影法師』、「大正天皇の大葬と国民」）。明治神宮、皇居前などには軍隊、在郷軍人会、学校生徒など、平癒祈願の各種団体が多数訪れるようになった。

ラジオによる病状報道

前年七月から本放送が始まり、この年八月から日本放送協会が発足して準国営となっていたラジオは、十五日から放送時間を延長して病状報道を行っていたが、十六日二時半の発表以後は娯楽関係の放送を中止し、三〇分または一時間おきに病状を報道した。十四日から死去の二十五日までの病状報道の回数は、東京放送局一五七回、大阪放送局八七回、名古屋放送局一八九回に及んだ。そのためラジオの加入申込者も倍増して二三万件となり、翌年二月の大葬までに三六万件まで急増した。新聞社や通信社経由の情報だけでなく、はじめて放送局が宮内省から直接取材した内容も報道したことは、ラジオの速報性を発揮する結果となり、報道手段としてのラジオの重要性が広く認識されることになった（『ラジオの時代』、『天皇の影法師』）。

死去

天皇の病状は一時小康状態となったが、二十四日午後から肺炎が悪化、体温が急上昇して午後七時には四〇度を超え、危篤状態となった。二十五日午前一時には体温は四一度に達し、その二五分後、死去した。享年四十七。当時の平均寿命は五十歳台と考えられるから、当時としても若死の部類に入る。直接の死因は心臓麻痺であった。二十四日は天気が悪く、葉山は夕方から吹雪が舞い、雷鳴までとどろき、死去時も曇りの寒々しい天候だった（『東京朝日新聞』十二月二十五日付朝刊）。

死去を報道

死去の事実は死去から一時間一五分後の午前二時四〇分に宮内省から発表されたので、死去の一報は死去当日の各紙朝刊の最終版には間に合った。大正天皇という追号が正式に勅定されるのは昭和二年一月十九日のことであるが、「大正天皇」という呼び方は死去直後から新聞や雑誌などで用いられていく。

昭和天皇の践祚

三時一五分、葉山御用邸内で剣爾渡御《けんじとぎょ》の儀が行われ、昭和天皇が践祚《せんそ》した。また、この日早朝葉山御用邸で行われた枢密院会議の議を経て新元号「昭和」が定められた。その過程では『東京日日新聞』による元号誤報事件（「光文」と報道）などがあった（『天皇の影法師』）。新天皇はさっそく三十日まで五日間の廃朝を発表、囚人の服役、死刑執行、歌舞音曲が停止された。実際には廃朝が明けた後も、門松などの正月装飾は見られず、弔旗や黒の弔幕が目についたこともあって、新年の三が日あたりまで追悼気分が漂った。新聞によれば、それでも興行関係や初詣は盛況だったという。

新天皇の治世

同じく二十五日に、大喪使の設置と、載仁親王の総裁、一木宮相の長官就任も発表された。二十七日午後、新天皇と新皇后は、お召し列車に乗り東京駅経由で東宮御所（赤坂離宮）へ、大正天皇の遺体は、棺に納められて別の特別列車で原宿の専用ホームを経由して皇居に戻った。原宿から皇居までの沿道には三〇万人の見物人が出たといわれる。翌二十八日午前、皇居で新天皇の朝見式が行われた。新聞各紙によれば、勅語朗読の口調はしっかりしていた。二十五日以後、各新聞には、平服（背広）姿の昭和天皇の写真が掲載された。昭和天皇は、平服姿の写真の掲載が許された最初の天皇となり、「われ等の陛下」(『東京日日新聞』昭和元年十二月二十六日付朝刊社説)とまで呼ばれた。昭和天皇は、大正天皇よりも天皇としては期待され、親しみも持たれていたのである。もっとも、昭和天皇がその期待に十分こたえることができたかどうかは、別に検討を要する問題である。

なお、昭和天皇は年末から重い風邪をひき、一月下旬まで長引いた。長期にわたる父の看病や践祚などで心労が重なったためと考えられる。

節子皇后は貞明皇太后となり、昭和二十六年五月十七日に六十八歳で亡くなるまで、亡夫を偲びながら慈善活動を熱心に行い、時には政治にも影響力を及ぼしていくことになる(『皇后の近代』)。

2 大喪と陵墓

大正天皇の死去に伴い、死去直前の十月二十一日に皇室令として制定されていた、皇室喪儀令、皇室陵墓令、および宮内省令として同時に制定された皇室陵墓令施行規則の規定に基づいて、さっそく大喪と陵墓の準備が始まった。

皇室関係の規定

これらは、その他の皇室関係規定とともに、枢密顧問官で帝室制度審議会総裁となった伊東巳代治《みよじ》の発案で大正五年ごろから宮内省で準備が始まり、帝室制度審議会の議を経たものが枢密院の審議を経て公布されていくが、伊東の政治的な思惑などから審議が中断されたこともあって、十五年十月になって一連の皇室関係規定とともに制定に至った（「大正後期皇室制度整備と宮内省」）。この時期に集中した理由は、次の代替わりまでに間に合わせるためと考えるほかはない。

皇室喪儀令

皇室喪儀令は、皇族の死去から葬儀終了までの手順を定めたもので、詳細は付式に書かれている。基本的には明治期以降行われてきたやり方を明文化したもので、大正天皇の死去の際の廃朝も本令に基づいた措置であった。皇室陵墓令は陵墓の設営や管理に関する手順を定めており、以後の建設地を東京府およびその周辺の県の御料地と定めた点が特徴である。なお、大喪関係予算約二九八万円は、十二月二十八日の帝国議会で可決された。以下、大喪の状況は、特に断らない限り『大正天皇御治世史』による。

大喪

大喪は、昭和二年二月七日から八日にかけて、東京の新宿御苑を主な式場として行われた。式場の建物は明治天皇の際と同じく、白木作りの質素な神社風建築である。棺を陵に運ぶため、中央線の複々線化工事ですでにできていた未使用の線路が新宿御苑をか

大喪の儀（宮内庁提供）

すめる地点に御苑仮駅を設置、片面のホームと駅舎を仮設した（『大正天皇大喪記録』）。

皇居から式場までは、桜田門・赤坂見附・青山御所などを通る約五・六キロのルートが事前に発表されていた。葬列は、葬儀の際だけ演奏される「哀の極」を奏でる軍楽隊に続き儀仗兵《ぎじょうへい》約二四〇〇人、ついで衣冠束帯姿で松明を持つ内舎人たち（皇居内部の雑用係）を従えた、やはり衣冠束帯姿の宮内官たちに伴われて棺を載せた牛車（霊轜《れいじ》）や、天皇名代の秩父宮、皇族、ゆかりの人々が続き、さらに葬儀に参列する高官たち約三〇〇〇人、最後に軍楽隊を伴った儀仗兵約二九〇〇人が続いた。総員約九〇〇〇人、全長六㌖という壮大なもので、明治天皇の大喪の際の葬列とほぼ同じ構成だが、今回の方がやや長い。天皇・皇后は慣例に従い皇居で葬列を見送った。良子《ながこ》皇后は出産間近のため、以後の行事は欠席した。

警備体制

葬列は午後六時に皇居を出発、午後七時半過ぎに先頭が式場に到着した時、最後尾は皇居を後にしたばかりであった。沿道には早朝から人々が集まり、葬列出発の際には一五〇万人を数えたといわれる。各種団体に動員された人々に市内居住者、各地から集まった人々の存在も考えれば十分ありえる人数であろう。警備の警官は八〇〇〇人あまり、さらに十四年四月制定の治安維持法に基づき新設された特別高等警察の刑事や私服刑事四四〇〇人あまりも動員されたが、内務省・警察庁は、反体制派や精神病者への取り締まりこそ厳しくしたものの、国民と皇室の距離をより縮めようと、できるだけ人々が葬列を見やすいようさまざまに配慮した。いかにも大衆化の時代らしい（『大正天皇の大葬』）。

葬場殿の儀

新宿御苑における葬場殿の儀は、皇族、政府・軍の関係者や貴衆両院議員、地方団体や各種団体の代表など七〇〇〇人が参列して午後九時から始まり、昭和天皇が「深仁厚沢人心ヲ感孚《かんぷ》シタマヘリ」などという御誄《ごるい》を、若槻首相と一木宮相が誄詞を朗読した。その後、棺は御苑仮駅で霊柩車に移され、天皇・皇后の名代や皇族、関係者も乗せた霊柩列車は八日午前零時一五分、仮駅を後にした。

ラジオ中継

大喪のうち葬列と葬儀の様子はラジオで中継された。実施が二月一日に急遽決まったこともあり、準備の時間不足で東京中央放送局のみの放送となり、名古屋・大阪への中継放送は行われなかった。それでも高性能な受信機があれば遠くハワイや旧満洲でも聴取できた。三放送局とも七日と八日は、大喪中継以外はニュース・天気予報・スタジオ演奏による「哀の極」のみを放送した。御誄や誄詞の朗読が終わる七日午後十一時は政府により全国民遥拝の時間に定められており、時刻を報知するチャイムが放送された。大喪中継は音声とスタジオにいるアナウンサーによる最小限の説明だけであったが、もちろん初めてのことでもあり、大変好評だった（『ラジオの時代』）。

各地の遥拝式

当然のことながら、七日は休日となり、全国各地で告別式や遥拝式が行われた。学校では午前一〇時、その他の場合（官公庁や自治組織など）では、全国民遥拝の時間と定められた午後一一時の場合が多かった。

多摩陵

列車が向かった先は東京府南多摩郡横山村（現在の東京都八王子市長房町）の御料地に建設された多摩陵《たまのみささぎ》である。以下、陵墓については外池昇氏の研究に若干の補足をしつつ述べる。同地は八王子の町と高尾山の中間地点、国鉄中央線の北側の丘陵地で、皇室の御料林だった。大喪使総裁の載仁親王が陵墓地決定のため現地を訪れたのは死去後わずか四日後の十二月二十九日で、載仁親王が他の候補地を訪れた形跡はないので、これ以前にここに内定していたと考えられるが、選定理由は不明である。昭和天皇の裁可を経て昭和二年一月三日に同地が多摩《たま》陵墓地《りょうぼち》と名づけられて陵の建設地に正式に決定し、建設が始まった。

陵墓への格納

陵は参道など関連工事の一部を残し二月五日に完成した。多摩陵の敷地面積は皇室陵墓令の規定に従い二五〇〇平方メートルで、陵の形状は鉄筋コンクリート製のドーム形という、従来とは異なる近代的な姿となった。八日午前一時三五分、霊柩列車は陵近くの中央線に仮設された東浅川仮駅に到着した。沿線で深夜の霊柩列車を見送った人は約二万人といわれる（『大正天皇大喪記録』）。現地での祭式ののち、午前六時十五分に棺が陵に格納され、大喪は終わった。

多摩陵の一般公開

大喪終了後、これも慣例に従い葬場殿と多摩陵は一般公開された。当初の予定は葬場殿は二月九日から二十八日まで、多摩陵（東浅川仮駅での霊柩車展示を含む）は二月十三日から三月十四日までとされたが、いずれも好評で、多摩陵の地元自治体の要請もあって、葬場殿は三月七日まで、多摩陵は三月三十一日まで延長されただけでなく、多摩陵はさらに四月四日まで（四月三日は皇室行事のため非公開）延長された。

参拝者数

公開期間中の三月十五日に昭和恐慌が発生したにもかかわらず、葬場殿の参拝者数はのべ二五〇万人、多摩陵の参拝者数はのべ八九万八〇〇〇人弱となった。多摩陵の参拝者数は、明治天皇の伏見桃山陵の公開時の参拝者数四〇〇万人弱とくらべると四分の一以下だった（同右、『読売新聞』）。しかし、当時、東京都心から鉄道で一時間半ほどかかったという遠さを考えれば、公開期間を二度延長したことからも、予想以上に人々が訪れたと評価でき、実際、当時もそのように報道された。

多 摩 陵（昭和２年，毎日新聞社提供）

盛況な参拝

多摩陵の盛況ぶりを『読売新聞』から拾うと、初日は団体客を中心に二〇万人が参拝し、その後も毎日数万人が参拝に訪れ、あまりの盛況ぶりに沿道に売店や料亭が立ち並び、国鉄も臨時列車を連日運転、新宿と東八王子（現在の京王八王子）を結んでいた京王電鉄も公開初日には増発増車を行って参拝客をさばいた。三月十三日は日曜日とはいえ雪が降るという天候だったにもかかわらず五万人もの人が参拝に訪れた。

浅川駅

最寄りの国鉄中央線の浅川駅（現在のＪＲ高尾駅）は参拝客の半数以上が利用し、普段の一〇倍の乗降客でにぎわった。なお、この乗降客をさばくため、同駅には急遽東浅川仮駅の一部を転用して仮設の待合室や改札が作られ、駅舎自体、のちに新宿御苑仮駅の駅舎を転用して増改築された（『大正天皇大喪記録』）。この部分は現存している。多摩陵は、翌昭和三年の正月、そしてすべての工事が終わった同年四月にも一般公開され、四月九日の日曜日には好天にも恵まれて数万人の参拝客が訪れた（『読売新聞』）。

京王電鉄御陵線

こうした盛況ぶりに目をつけたのが、新宿と八王子を結んでいた京王電鉄である。多摩陵までの新線建設をもくろみ、東八王寺駅から延長線を建設する予定で昭和二年十二月に政府から敷設免許を得た。しかし、町が分断されて町の発展に支障が出るとして市議会が反対したため、東八王子の一駅手前の北野駅から分岐して市の南側を通り、多摩御陵前駅に至る新線（御陵線）を建設した。同線は昭和六年三月に開通し、当初は休日には新宿からの直通電車も運転され、参拝客でにぎわったが、まもなく閑散となった。昭和六年には多摩陵参拝ブームは下火となっていたのである。御陵線は戦時中の昭和二十年一月に不要不急線とみなされて休止となり、線路は資材として供出され廃線同様となった。のち、昭和四十七年に高尾線が建設される際、その一部（北野—山田間）が復活することになる（『京王帝都電鉄三十年史』）。

その後、多摩陵は皇族や大臣が時々参拝する以外は訪れる人も少なくなった。昭和十年代には、士官学校生徒や青年団のサイクリング、競歩大会の終点など、団体の参拝やスポーツの場として再び脚光を浴びる。戦後は、昭和二十六年五月に皇太后が死去して大正天皇の隣（多摩東陵）に葬られたあと、読売新聞社主催の勤労者駅伝大会の折り返し点となったこともあったが（『読売新聞』）、昭和三十年代後半には忘れられていく。

なお、東浅川仮駅は敗戦まで皇族参拝用に使われたあと、昭和三十五年に駅舎が八王子市に払い下げられ、集会施設「陵南会館」として使われていたが、平成二年十月九日、まもなく行われようとしていた現天皇の即位の礼と大嘗祭に反対する過激派の仕掛けた消火器爆弾のため爆破炎上し（『朝日新聞』同年十月九日、十三日付各夕刊）、現存しない。

陵南会館

3 大正天皇への評価

新聞各紙の評価

当然のことながら、大正天皇の死去は大正天皇へのさまざまな評価を生んだ。『東京朝日』は、死去当日の朝刊で、普通選挙法の制定や日本がアジアの主要国から世界の主要国に躍進したことを亡き天皇の功績として讃えているが、同日の社説では、「大行天皇の御代に至つて普選の制を布かれ、万民こゝに平等の権を得たりしかども、政治の実際はなほ全く旧套《きゅうとう》を脱せざるものあり」なので、「君民同治」の実現は昭和の課題であると論じている。『東京日日』は同じ日の朝刊で、やはり普選制の制定と世界の主要国になったこと、さらに関東大震災からのいち早い復興も亡き天皇の功績であると讃え、生来虚弱な体質だったところに天皇となって心労が重なったため健康を害したのだろうと書いている。

大正期の経済成長率

また、各新聞は死去以後、大正時代の回顧記事を多数載せているが、戦後恐慌や震災による不景気のため、経済面では貿易の急伸ぶり（六倍）や鉄道の発展ぶりが強調される程度であった。ただし、実際には、大正期の経済成長率は四割弱と、世界有数の伸び率であった（『近代経済史要覧』）。一次大戦の影響は大きかったのである。

『実業之日本』追悼号

当時の有力雑誌の一つ、『実業之日本』の昭和二年一月十五日号は「嗚呼大正天皇」と題する大正天皇追悼号となり、大正時代の回顧は各界の有名人や評論家が執筆しているが、論調は右の新聞の場合とほぼ同じである。ただし、社会運動の隆盛ぶりが注目されている点が明治天皇の時代と大きく異なっており、政治・社会の大衆化が進んだ大正時代らしさを見せている。また、大正天皇個人についての回顧記事も多かったが、皇太子時代の地方旅行の挿話を例として、平民的な人柄が強調されることが多かった。

各国の報道

大正天皇死去のニュースは諸外国でも大きく報じられ、各国の元首級による追悼談話も多数出された。アメリカの代表紙『ニューヨークタイムス』は、さっそく二十五日付の第一面のトップ項目として大正天皇の写真入りで報じ、さらに第三面の下に、新天皇の紹介とアメリカ大統領の弔電とともに大正天皇の略歴を載せ、平民的（「デモクラティック」）な振る舞いをしたことや皇室史上初めて一夫一婦制をとったことを特筆している。

『タイムズ』の記事

英国の有力紙『タイムズ』の場合、死去当日はクリスマスのため休刊で、翌日の掲載となったためか、一面ではなく、外報面のトップにとどまり、顔写真も載らなかったが、欧米語を操り、庶民に気さくに話しかけるなどの挿話をふまえ、伝統を変革した人物という追悼記事を載せている。当日休刊という『タイムズ』の特殊事情を考えれば、大正天皇死亡記事の扱いは明治天皇とほぼ同じといえる。治世が明治天皇の三分の一、実質的には四分の一以下にとどまったにもかかわらず、紙面の扱いがほぼ同じというところに、大正年間の日本の国際的地位の向上がうかがわれる。

いずれにしろ、内外の新聞の報道ぶりは、大正年間に日本の国際的地位が著しく向上したことや、政治制度の民主化（当時の日本の用語で言えば「民本」化）や欧米文化のさらなる浸透など、近代化の一層の進展ぶりを大正天皇の治世の特徴としてあげていた。

大正天皇像の変化

しかし、日本国内の論調は次第に変化を見せ、大正天皇は「守成《しゆせい》」の君主という評価が定まっていく。その端緒は、管見の限り、前にふれた『実業之日本』の大正天皇追悼号に寄稿した清浦奎吾元首相が、「明治は勇往邁進の時代にして、大正は守成的進歩時代であつた。さうしてある点に於ては聊かダレ気分を免れなかつた」、田健治郎《でんけんじろう》元農商相が、「要するに、明治天皇陛下は不世出の創業的中興の聖主と申し上ぐべきか。先帝陛下は益《ますます》先帝〔文脈上明治天皇をさす〕の宏業を宣揚せられた守成の君主として尊崇し奉るべきか」などと書いたことにある。そして、昭和二年二月七日の大喪の際、若槻首相は、誄詞（弔辞に相当）の中で「不世出ノ英主ニ継キテ新局面ノ大勢ニ応シ創業ノ前烈ヲ承ケテ守成ノ宏謨《こうぼ》ヲ定メ」（『大正天皇御治世史』）と述べた。

そして、経歴・事蹟・逸話などを載せた追悼本として、管見の限り唯一の市販本である『大正天皇御治世史』（同年四月発行）においても、中国文学者服部宇之吉《うのきち》の序文に「人常に言つて、明治天皇は創業の聖主にして大正天皇は守成の明君」とあり、編者（高木八太郎・小島徳弥）の「序辞」にも、「大正の御治世は、明治大帝創業の後を享けさせられ、能く其の成果を収めて守成の大業を完《まつと》うさせ給ふた御時代であつた」とある。

以上のことから、死去直後に一部の政治家が明治天皇との対比で言いはじめた「守成の君主」という大正天皇への評価が、若槻首相が葬儀の弔辞で用いたことなどから、穏当な評価とされていったことがわかる。大正天皇が践祚や即位大礼の際に発した勅語の内容や、政治への関与の実態からいって、大正天皇が明示し、実行した政治への関わり方はまさに「守成」だったといえるのであり、普選制度の制定にいたってはまったく無関係なのであるから、こうした評価に落ち着いたことはむしろ自然なことといえる。

付言しておけば、先に紹介した新聞や雑誌の論調にも見られたのであるが、昭和天皇の治世が始まるにあたって、一般に昭和は議会政治・政党政治の完成の時代になると位置づけられていた。特に十二月二十八日の朝見式の勅語の中に「日進以テ会通ノ運ニ乗シ日新以テ更張ノ期ヲ啓《ひら》キ」とあるのが、各紙の社説などにおいて、政治については普選実施による「昭和維新」、つまり政党政治・議会政治の完成を宣言したとみなされたのである。さらに、前述のように、践祚直後の新聞掲載の新天皇の肖像写真は背広姿だった。大正天皇の写真がすべて軍服姿だったことを考えると、昭和天皇の姿がいかに平和的に演出されていたかがわかる。大正天皇の平民的という人柄の評価はこうして昭和天皇に引き継がれたのである。少なくとも践祚当初において、昭和天皇には大正天皇の人柄や時代の美点を引き継ぐという期待が広く寄せられていたのであった。

遠眼鏡事件

ただし、よく知られているように、大正天皇について、実際に社会に定着していったのは別の評価である。それは「遠眼鏡《とおめがね》事件」という風説に代表される大正天皇精神病者説である。「遠眼鏡事件」とは、大正天皇が帝国議会の開会式の際、詔書を巻いて遠眼鏡のようにして議場を見渡した事件があったという風説で、大正天皇が精神病者である証拠とされ、その話は少なくとも昭和初期には広まっていた（『大正天皇』）。

風説

大正九年七月二十四日、第二回の病状発表のことを記した四竈の日記に、「庶民は聖上陛下の御健康を憂慮し奉り、時々あられもなき御容態と拝察し奉る者さへある」と書かれているから、すでに大正天皇に関してよからぬ風説が流布し始めていたことがわかるし、十一年四月には「天皇は馬鹿なり」と書いたはがきを官公庁に送りつけた人物が不敬罪で警察に摘発された事件が起きているので（『自大正十年至昭和二年不敬事件』）、生前からこうした風説が広まっていたことは確実である。ただし、「遠眼鏡事件」の時期や真相については諸説あるが、決め手となる史料はなく、真偽は不明である。いずれにしろ、大正天皇は精神疾患にかかっていたわけではないので、風説がいわれのない中傷であることはまちがいない。

天皇の人望

それでも、こうした風説が広まってしまった背景には、大正神宮建設運動が起きなかったことや、追悼本が事実上一冊しかなかったことからもうかがえるように、直接大正天皇に接した経験のある人から一般の人々に至るまで、大正天皇に対し、明治天皇に対するほどの人望がなかったことがあることはまちがいない。多摩陵参拝ブームが短期で終わったのも、一度か二度行けばよいという人々の気持を表しているのであるから、ブームの原因が、大正天皇への人望ではなく、多摩陵が関東初の天皇陵であるというもの珍しさだったと考えると説明がつくのである。そして、そうなった最大の原因が生誕時から虚弱体質だったことであることはここまでの本書の叙述で明らかである。

昭和天皇の回想

注目すべきは、昭和天皇が、昭和五十三年十二月四日の記者会見で、記者会見の席では初めて、大正天皇について、次のように肯定的に語ったことである。

大正天皇とは、幼少の折り、将棋を一緒にお相手したこともあるし、また天皇と一緒に世界一周の歌を歌った楽しい思い出も持っています。おたたさまから伺ったことでありますが、天皇は非常に詩文を良くされ、人名をよくご記憶になっているということをお話しになりました。そのことについて私は考えますが、記憶のいいということは本当に天皇として立派な方だと私は感じておりまして、お若くしてお亡くなりになったことを今なお、非常に惜しんでおります。(『昭和天皇語録』)

再評価の試み

ちょうど大正天皇生誕百年を翌年に控えたこの会見で、昭和天皇が大正天皇について、「本当に天皇として立派な方」と評価していることの意味は重い。「遠眼鏡事件」の風説は戦後このときまでに少なくとも二度活字になっており(『文芸春秋』昭和三十四年二月号、『現代の眼』同五十二年二月号)、昭和天皇も風説を知っていたと推定できる。したがって、昭和天皇は、生誕一〇〇年を機会に大正天皇の再評価を試みたと考えられる。

もっとも、根拠が記憶力の良さだけではあまり効果的とはいえず、実際、これを機に大正天皇を再評価しようという動きは生れなかった。事実として、大日本帝国憲法下の天皇としての美点はほとんどなかったのだから、昭和天皇としてもこれ以上弁護することは難しかったはずである。それでもあえてこうした発言をしたところに、肉親としての昭和天皇の父大正天皇への情愛の深さが十分にうかがえる。

「大正天皇実録」

なお、大正天皇の正史として、すでに本書でも利用した「大正天皇実録」がある。昭和二年六月十四日に宮内省図書寮内に大正天皇実録部が設けられて編纂がはじまり、昭和九年末に一四五冊の稿本が一応完成したが、さらに資料の補遺、充実が図られること となり、大正天皇十年祭を控えた昭和十一年十二月二十三日に完成し、昭和天皇・皇后・皇太后に捧呈された（「歴史資料の公開の現状と問題点」）。ただし、すでに述べたように、同書は、平成十四年三月まで非公開であり、その後公開された部分も、践祚から大正十年六月までにとどまり、しかも黒塗り部分が多い。

『小説天皇』

また、敗戦後、占領中の昭和二十四年に小説家長田幹彦が『小説天皇』を出版している。明らかに大正天皇がモデルになっており、いじめ役として「山県元帥」も登場する。この作品は、近代の天皇を主人公にしたおそらくはじめての小説である。テーマは天皇という立場の非人間性であり、いかにも民主化が叫ばれた時代らしい作品である。天皇という立場の問題性を批判的にとりあげるには大正天皇が一番適していたということであろう。

むすび

生誕時の主治医浅田宗伯《そうはく》が心配したとおり、結局、出生時からの虚弱体質が最後まで大正天皇の生涯に大きな影響を及ぼした。彼は明治天皇の唯一の皇子として、生きながらえることが最優先されたため、当時としては最高度の医療や、保養地での長期静養など手厚い保健対策がとられた一方、将来の統治権の総攬者としての教育は不十分に終わった。

明治天皇は、憲法制定、日清戦争などを通じ、時間をかけて近代国家の君主としての威信を確立していった（『明治天皇』）。わずか十四歳で践祚《せんそ》した上、強大な権力を持つ近代国家の君主となることを想定して育てられていたわけではなかったため、そうした型の君主として尊敬や信頼を得るようになるまでに時間がかかったのはむしろ当然のことだった。

一方、大正天皇の場合は、践祚したのが三十三歳の時だったので、将来の最高権力者としての十分な教育を受ける時間はあり、事実そうした努力が試みられたものの、病弱ゆえに徹底されることなく終わった。

そのため、彼は、天皇になったあと、統治権の総攬者として、すぐれた見識を示したと周囲に認識されたことはなく、周囲から十分な信頼や尊敬を集めるような挙措を示すこともあまりなかった。しかも、天皇践祚後も保健対策は続けられたにもかかわらず、天皇としての職務による心労に耐えられず、比較的若年で亡くなった。その結果、父明治天皇のように、君主としての信頼や尊敬を獲得することはできなかった。

大正天皇は、当時としては最高レベルの学者の個人教授を受け、読書を好み、漢詩作りを趣味としたので、教養人の一人であったことは確かである。さらに、大正天皇は、近代学校教育を受けた最初の天皇である。彼が気軽に周囲の人に声をかけることができたのはそのためであろう。ただし、名声を獲得したのは、特定の地位や立場の人間としか話をしないという教育を受けた明治天皇の方であった。明治天皇は、ふだんの行いで庶民の目線に立っていることを示し、その方が人々の心をつかんだのである。

心労が重なった背景として、大正天皇が病弱で、十分に教育することができるかどうか不安があることがわかっていながら、いざという時に天皇に負担がかかるような憲法を制定したり、内大臣の人事にあたって時の政治的都合を優先させた、政治指導者層の短慮は責められてしかるべきである。ただし、大正天皇の病歴を考えれば、四十七歳まで生存でき、旅行や詩作、家庭生活を楽しめたことは、当時としては相当に恵まれていたといえる。

また、彼の人柄がどうであろうと、天皇を君主としていただく国柄において、結婚や旅行、大礼など、次代の天皇、あるいは天皇としての彼にまつわる行事や儀式は、それらを記念する社会資本や文化財を生み出した。典型例が赤坂離宮と表慶館《ひょうけいかん》である。彼の存在自体が大きな社会的影響をもたらしたのである。しかし、死後、彼を偲び、記念する動きはほとんどなかった。彼の誕生日は祝日とならず、大正神宮も造られなかった。

大正天皇が歴史上影が薄いのは、原武史氏が主張したような、一部宮内官僚が大正天皇の政治的理想に反対し、彼の息子（昭和天皇）を祭り上げようとしたためではない。彼は、虚弱体質という宿命によって、君主としての在位期間が比較的短かく、尊敬を得られず、顕著な治績を残せず、しかも父の明治天皇、さらには息子の昭和天皇の存在感が大きすぎたために影が薄くなったのである。以上のような不利な条件を背負っていたという意味で、大正天皇は、非運の天皇だったといわなければならない。

略系図

（大正天皇の兄弟姉妹は成人した人物のみ記した。生母は必要な範囲のみ記した。）

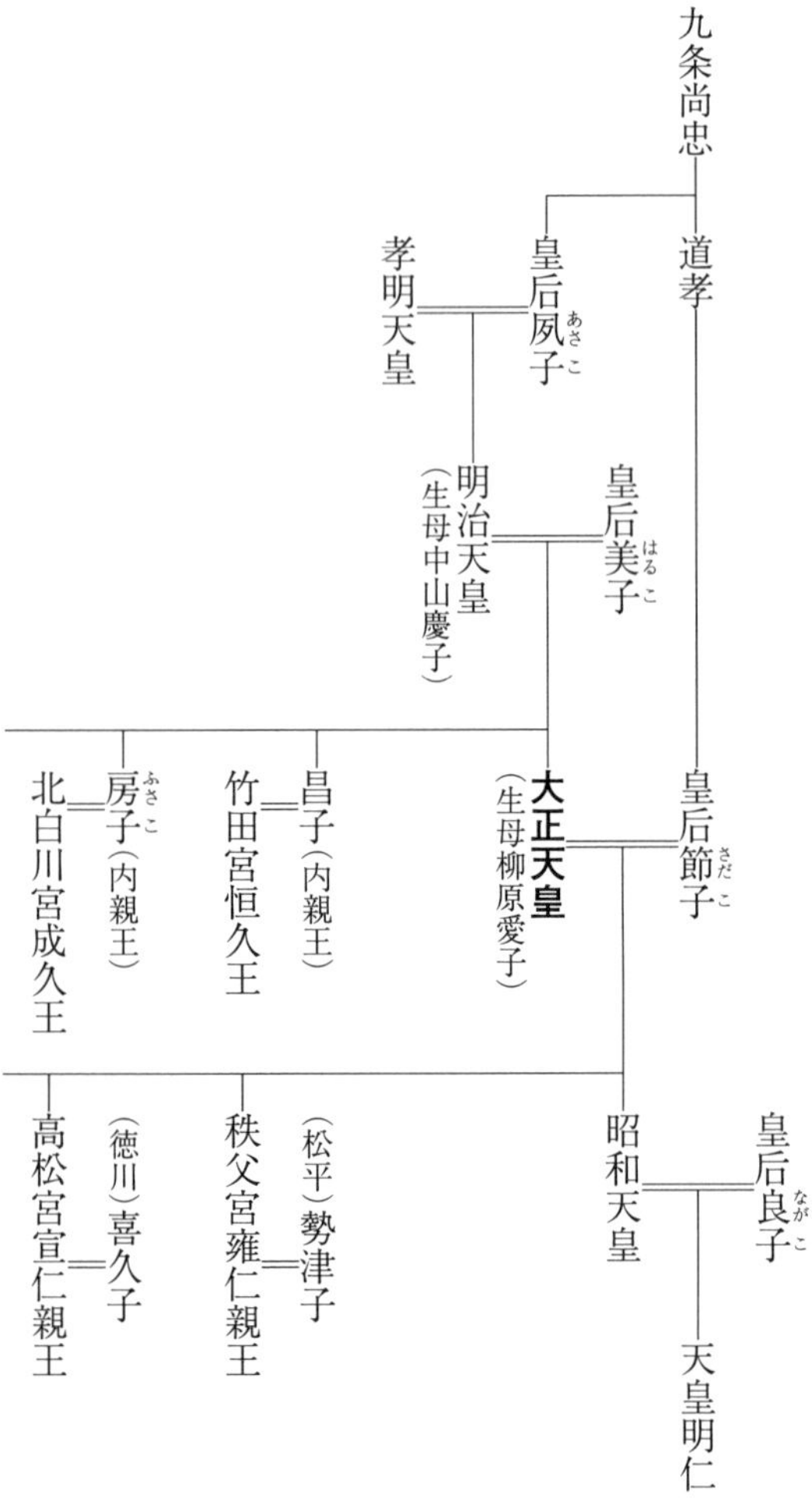

允子《のぶこ》（内親王）＝朝香宮鳩彦王

聰子《としこ》（内親王）＝東久邇宮稔彦王

（高木）百合子＝三笠宮崇仁親王

略年譜

年次	西暦	年齢	事蹟	関連事項
明治一二	一八七九	一	八月三一日、明宮嘉仁、明治天皇を父として出生○一二月七日、中山忠能邸に移る	
明治一四	一八八一	三		一〇月、明治十四年の政変
明治一八	一八八五	六	三月二三日、青山御所に移る	一二月、内閣制度制定（初代首相伊藤博文）
明治二〇	一八八七	八	八月三一日、儲君となる○九月一九日、学習院入学	
明治二二	一八八九	一〇	一一月三日、立太子礼（皇太子）、陸軍歩兵少尉任官、東宮職設置	二月、大日本帝国憲法発布、皇室典範施行
明治二七	一八九四	一五	八月、学習院中退○一一月、広島大本営滞在中の明治天皇を訪問	八月、日清戦争開戦
明治二八	一八九五	一六		四月、日清講和条約締結
明治二九	一八九六	一七	六月一六日、侍講設置	
明治三一	一八九八	一九	三月二二日、有栖川宮威仁親王、東宮賓友となる	
明治三二	一八九九	二〇	五月八日、威仁親王、東宮輔導となる	
明治三三	一九〇〇	二一	五月一〇日、九条節子と結婚○五月二三日～六月	九月、立憲政友会創立（初代総裁伊

			七日、三重京都奈良行啓〇一〇月一四日～一二月三日、北九州行啓	藤博文）
明治三四	一九〇一	二二	四月二九日、迪宮裕仁親王（昭和天皇）誕生	
明治三五	一九〇二	二三	五月二〇日～六月八日、信越北関東巡啓〇六月二五日、淳宮雍仁親王（秩父宮）誕生	
明治三六	一九〇三	二四	六月一二日、威仁親王、東宮輔導を免ぜらる〇一〇月六日～三〇日、和歌山瀬戸内巡啓	
明治三七	一九〇四	二五		二月、日露戦争開戦
明治三八	一九〇五	二六	一月三日、光宮宣仁親王（高松宮）誕生	九月、日露講和条約締結、講和反対の暴動〇一二月、韓国統監府設置（初代統監伊藤博文）
明治四〇	一九〇七	二八	五月一〇日～六月九日、山陰巡啓〇一〇月一〇日～二三日、韓国行啓〇一〇月二三日～一一月一四日、南九州高知巡啓	
明治四一	一九〇七	二九	四月四日～一九日、山口徳島巡啓〇九月八日～一〇月一〇日、東北巡啓	
明治四二	一九〇九	三〇	二月一一日、登極令、摂政令、立儲令など公布〇九月一五日～一〇月一六日、岐阜北陸巡啓	一〇月、伊藤博文、ハルビンで暗殺される
明治四三	一九一〇	三一	九月二日～一二日、栃木行啓	八月、韓国併合
明治四四	一九一一	三二	五月一九日～二四日、千葉行啓〇八月一八日～九月一四日、北海道行啓	一二月、辛亥革命

大正　元	一九一二	三三	七月二九日、明治天皇死去、三〇日、大正天皇践祚、裕仁親王皇太子となる○八月一三日、桂太郎、内大臣兼侍従長となる○九月一三日、明治天皇大喪、乃木希介殉死	一二月、第二次西園寺公望内閣総辞職（大正政変はじまる）、第三次桂内閣成立
大正　二	一九一三	三四	二月九日、大正政変に際し、西園寺に時局収拾の勅語○六月一八日、青山御所から皇居に移る	二月、衆議院で尾崎行雄が桂首相を弾劾、各地で暴動、第三次桂内閣総辞職、第一次山本権兵衛内閣成立（大正政変終息）
大正　三	一九一四	三五	四月九日、独断で山本首相に留任を命じようとする○四月九日、昭憲皇太后死去（即位大礼一年延期）○四月二三日、大山巌、内大臣就任	一月、シーメンス事件発覚○三月〜七月、東京大正博覧会開催○三月、第一次山本内閣総辞職○四月、第二次大隈重信内閣成立○八月、第一次世界大戦勃発、日本、対独宣戦布告
大正　四	一九一五	三六	七月三一日、大隈首相に留任の沙汰○一一月一〇日、即位大礼（京都御所）○一二月二日、澄宮崇仁親王（三笠宮）誕生	一月、日本、中国に対し二十一か条を要求
大正　五	一九一六	三七	一二月一〇日、大山内大臣死去	一〇月、大隈内閣総辞職、寺内正毅内閣成立
大正　六	一九一七	三八	五月二日、松方正義、内大臣に就任	三月、ロマノフ王朝滅亡（ロシア革命）
大正　七	一九一八	三九	八月一三日、米騒動に際し三〇〇万円下賜、急遽帰京○一二月二五日、風邪を発症	七月、米騒動勃発○八月、政府、シベリア出兵決定○九月、原敬内閣成立

大正　八	一九一九	四〇	一〇月二八日、海軍特別大演習で勅語を軍令部長が代読○一二月二六日、議会開会式への大正天皇の出席中止	立○一一月、ドイツ敗戦（皇帝退位）
大正　九	一九二〇	四一	三月三〇日、第一回病状発表○七月二四日、第二回病状発表	
大正一〇	一九二一	四二	二月一〇日、宮内省、皇太子妃内定変更なしと発表（宮中某重大事件）○三月三日、裕仁皇太子外遊（九月三日まで）○四月一八日、第三回病状発表○一〇月四日、第四回病状発表○一一月四日、原敬首相暗殺。一三日、高橋是清内閣成立○一一月二五日、裕仁皇太子摂政就任。第五回病状発表	
大正一一	一九二二	四三	一〇月七日、第六回病状発表	
大正一二	一九二三	四四		九月、関東大震災
大正一三	一九二四	四五	三月一六日、第七回病状発表	六月、加藤高明（護憲三派）内閣成立○一二月、『キング』創刊
大正一四	一九二五	四六	五月一〇日、銀婚式○六月一八日、第八回病状発表	七月、ラジオ本放送開始
大正一五（昭和元）	一九二六	四七	八月一〇日、葉山へ転地○一二月二五日、死去、改元、昭和天皇践祚	一月、第一次若槻礼次郎内閣成立
昭和　二	一九二七		二月七日～八日、大喪、多摩陵に埋葬	

参考文献

一　研究者・研究家による著作

浅見雅男『闘う皇族』　角川書店　平成一七年
飛鳥井雅道『明治大帝』　筑摩書房　平成六年（初出　平成元年）
井上清・渡部徹編『米騒動の研究』第一巻・第五巻　有斐閣　昭和三四・三七年
猪瀬直樹『天皇の影法師』　朝日新聞社　平成十二年（初出昭和五十八年）
伊藤之雄「山県系官僚閥と天皇・元老・宮中」（『法学論叢』一四〇巻一・二号）　平成八年
同　右「原敬内閣と立憲君主制」一～四（同右一四三巻四～六号、一四四巻一号）　平成一〇年
同　右『明治天皇』　ミネルヴァ書房　平成一八年
宇野俊一『桂太郎』　吉川弘文館　平成一八年
小田部雄次『梨本宮伊都子妃の日記』　小学館　平成三年
同　右『ミカドと女官』　恒文社　平成一三年
同　右『華族』　中央公論新社　平成一八年

笠原英彦『天皇親政』 中央公論社 平成七年
同　右『日本の医療行政』 慶応大学出版会 平成一一年
梶田明宏「徳大寺実則の履歴について」（沼田哲編『明治天皇と政治家群像』） 吉川弘文館 平成一四年
片野真佐子『皇后の近代』 講談社 平成一五年
加藤徹『漢文の素養』 光文社 平成一八年
川口暁弘「内大臣の基礎研究」（『日本史研究』四四二） 平成一一年
小島毅『近代日本の陽明学』 講談社 平成一八年
古田島洋介『大正天皇御製詩の基礎的研究』 明徳出版社 平成一七年
同　右「続々・漢詩人としての大正天皇」（『正論』平成一八年八月号）
山村則子『ロイアル・ヨットの世界』 文芸春秋 平成一七年
斉藤利彦『試験と競争の学校史』 平凡社 平成七年
斉藤俊彦『くるまたちの社会史』 中央公論社 平成九年
坂本一登『伊藤博文と明治国家形成』 吉川弘文館 平成三年
佐藤功『君主制の研究』 日本評論社 昭和三二年
篠田達朗『歴代天皇のカルテ』 新潮社 平成一八年
季武嘉也「歴史資料の公開の現状と問題点」（『創価大学人文論集』一七） 平成一八年

竹山昭子『ラジオの時代』 世界思想社 平成一四年
田所　泉『大正天皇の〈文学〉』 風濤社 平成一五年
同　右『うたくらべ　明治天皇と昭和天皇』 創樹社 平成一一年
田中伸尚『大正天皇の大葬』 第三書館 昭和六三年
外池　昇「天皇陵入門」第十八回（『歴史読本』平成一八年六月号）
東条文規『図書館の政治学』 青弓社 平成一八年
鳥海　靖『日本近代史講義』 東京大学出版会 昭和六三年
永井　和『青年君主昭和天皇と元老西園寺』 京都大学出版会 平成一五年
内藤一成『貴族院と立憲政治』 思文閣出版 平成一七年
同　右「大正天皇と山県有朋」（『日本歴史』五八六） 平成九年
内藤陽介『皇室切手』 平凡社 平成一七年
中島三千男「大正天皇の大喪と国民」（土肥昭夫・戸村政博編『天皇の代替わりとわたしたち』）
日本基督教団出版局 昭和六三年
中部　博『自動車伝来物語』 集英社 平成四年
永嶺重敏『怪盗ジゴマと活動写真の時代』 新潮社 平成一八年
西川　誠「大正後期皇室制度整備と宮内省」（『年報近代日本研究』二〇）
山川出版社 平成一〇年

野田正穂・原田勝正・青木栄一・老川慶喜編『日本の鉄道』　日本経済評論社　昭和六一年
長谷川章・三宅俊彦・山口雅人『東京駅歴史探見』　JTB　平成一五年
波多野勝『裕仁皇太子ヨーロッパ外遊記』　草思社　平成一〇年
原武史『大正天皇』　朝日新聞社　平成一二年
同右『可視化された帝国』　みすず書房　平成一三年
坂野潤治『大正政変』　ミネルヴァ書房　昭和五七年
藤森照信『日本の近代建築』上　岩波書店　平成五年
古川隆久『皇紀・万博・オリンピック』　中央公論社　平成一〇年
同右「大正天皇は「賢君」だったのか」（『論座』平成一三年五月号）
同右『政治家の生き方』　文芸春秋　平成一六年
同右「大正天皇像の再検討」（『横浜市立大学論叢』人文科学系列第五六巻第二号）
平成一七年
増田知子『天皇制と国家』　青木書店　平成一一年
升味準之輔『日本政治史』二　東京大学出版会　昭和六三年
水谷三公『王室・貴族・大衆』　中央公論社　平成三年
村松貞次郎『日本近代建築の歴史』　岩波書店　平成一七年（初出昭和五二年）
矢数道明「宮中出仕漢方医家の当直日誌について」二（『漢方の臨床』第七巻一二号）

昭和三五年

安田浩『天皇の政治史』青木書店 平成一〇年

山口輝臣『明治神宮の出現』吉川弘文館 平成一七年

山本四郎『大正政変の基礎的研究』御茶の水書房 昭和四五年

同右『山本内閣の基礎的研究』京都女子大学 昭和五七年

米窪明美『明治天皇の一日』新潮社 平成一八年

二 同時代の文献・関係者による伝記・組織史など

秋山徳蔵『味』中央公論新社 平成一七年（初出昭和三〇年）

赤沼金三郎『浅田宗伯翁伝』巻之上 寿盛社 明治二八年

市島謙吉『大隈侯一言一行』早稲田大学出版部 大正一一年

伊藤博文『憲法義解』岩波書店 昭和一五年（初出明治二二年）

井上馨侯伝記編纂会編『世外井上公伝』五 原書房 昭和四三年（初出昭和九年）

井原頼明『増補皇室辞典』冨山房 昭和一七年

伊波南哲『天皇兵物語』日本週報社 昭和三四年

岩倉道倶「蛇皮の杖と丸尾錦作氏」（『実業之日本』昭和二年一月一五日号）昭和二年

正親町季董「御幼少時代の陛下の御相手として」（同右）昭和二年

長田幹彦『小説天皇』　光文社　昭和二四年
「海軍」編集委員会編『海　軍』第一一巻　誠文図書　昭和五六年
学習院編刊『学習院の百年』　昭和五三年
河野正義編『明治天皇御一代記』　東京国民書院　大正元年
宮内庁編『明治天皇紀』第三～一二・索引　吉川弘文館　昭和四四～五二年
京王帝都電鉄株式会社総務部編刊『京王帝都電鉄三十年史』　昭和五三年
主婦の友社編刊『貞明皇后』　昭和四六年
『貞愛親王事蹟』　伏見宮蔵版　昭和六年
春畝公追頌会編『伊藤博文伝』下巻　統正社　昭和一五年
造船協会編『日本近世造船史』明治編　弘道館　明治四四年（復刻　原書房　昭和四八年）
高木八太郎・小島徳彌編『大正天皇御治世史』　広文社　昭和二年
威仁親王行実編纂会編『威仁親王行実』巻下　高松宮家　大正一五年
玉乃一熊『撞球秘訣　セリーとマッセー』　服部書店　明治四三年
秩父宮『思い出の記　秩父宮雍仁親王文集』　龍星閣　昭和三九年
鉄道省編刊『大正天皇大喪記録』　昭和三年
東京国立博物館編『東京国立博物館百年史』　第一法規出版　昭和四八年
徳富猪一郎『公爵桂太郎伝』坤巻　故桂公爵記念事業会　大正六年

大礼記録編修委員会編『大礼記録』 清水書店 大正八年
早川卓郎編『貞明皇后』 大日本蚕糸会 昭和二六年
蒔田廣城「殿下にどなりつけた寺の小僧」(『実業之日本』昭和二年一月一五日号)
三島正明『最後の儒者―三島中洲―』 明徳出版社 平成一〇年
三菱造船株式会社長崎造船所職工課編刊『三菱長崎造船所史』一 昭和三年
元田永孚『幼学綱要』 岩波書店 昭和一三年(初出明治一四年)
柳田國男「大嘗祭ニ関スル所感」〈草稿〉(『定本柳田國男全集』三一)筑摩書房 昭和三九年
山川三千子『女官』 実業之日本社 昭和三五年
湯本武比古「今上天皇御幼時の御教育」(信濃教育会編刊『湯本武比古選集』) 昭和三〇年
(無署名)「四十八年間の御盛徳」(『実業之日本』昭和二年一月一五日号)

三　史資料集など

安在邦夫・望月雅士編『佐佐木高行日記―かざしの桜―』 北泉社 平成一五年
安藤良雄編『近代日本経済史要覧』第二版 東京大学出版会 昭和五四年
五十嵐金三郎編『浅田宗伯書簡集』 汲古書院 昭和六一年
石川忠久編『新釈漢文大系』第一一二巻 明治書院 平成一二年
伊藤隆編『大正初期山県有朋談話筆記―政変思出草―』 山川出版社 昭和五六年

伊藤隆・広瀬順皓編『牧野伸顕日記』 中央公論社 平成二年
伊藤博文編『秘書類纂 帝室制度資料』上 原書房 昭和四五年（初出昭和一一年）
岩壁義光・広瀬順皓編『影印原敬日記』第八～十七巻 北泉社 平成八年
岩壁義光・福井淳・梶田明宏・植山淳・川畑恵「昭和天皇御幼少期関係資料」（「木戸孝正日記」「徳大寺実則日記」一部翻刻〈『書陵部紀要』第五三号～五五号〉） 平成一四～一六年
岡義武・林茂編『大正デモクラシー期の政治 松本剛吉政治日誌』 岩波書店 昭和三四年
岡野弘彦解題・解説『大正天皇御集 おほみやびうた』 邑心文庫 平成一四年
神奈川県立歴史博物館編刊『王家の肖像 明治皇室アルバムのはじまり』 平成一三年
木下彪謹解『大正天皇御製詩集謹解』 明徳出版社 昭和三五年
宮内庁書陵部編刊『貞明皇后御詩集』 昭和三六年
黒田勝弘・畑好秀編『昭和天皇語録』 講談社 平成一六年
四竈孝輔『侍従武官日記』 芙蓉書房出版 昭和五五年
社会問題資料研究会編『自大正十年至昭和二年不敬事件』 東洋文化社 昭和五五年
庄司成男『京都御所・仙洞御所』 光村推古書院 平成一四年
鈴木博之監修『皇室の邸宅』 JTBパブリッシング 平成一八年
トク・ベルツ編（菅沼竜太郎訳）『ベルツの日記』上・下 岩波書店 昭和五四年（初出昭和一八年）
奈良武次『侍従武官長奈良武次日記・回顧録』第一・二巻 柏書房 平成一二年

坂野潤治・広瀬順晧・増田知子・渡辺恭夫編『財部彪日記』海軍次官時代（下） 山川出版社 昭和五八年
原敬関係文書研究会『昭和天皇のご幼少時代』 日本放送出版協会 平成一一年
原敬文書研究会編『原敬関係文書』第二巻 同 右 昭和五九年
広瀬順晧監修・編『伊東巳代治日記・記録 未刊翠雨荘日記』第四巻 ゆまに書房 平成一一年
堀口修監修・編修・解説『「明治天皇紀」談話記録集成』第一・三・四・六・九巻 同 右 平成一五年
毎日新聞社編刊『天皇四代の肖像』 平成一一年
丸 尾 錦 作「東宮侍従丸尾錦作氏の自叙伝」二（『中仙道加納宿』第四〇号） 平成一四年
山 本 四 郎 編『第二次大隈内閣関係史料』 京都女子大学 昭和五四年
同 右『寺内正毅内閣関係史料』下 同 右 昭和六〇年
尚友倶楽部山県有朋関係文書編纂委員会編『山県有朋関係文書』一 山川出版社 平成一七年
『別冊太陽 日本の博覧会』 平 凡 社 平成一七年
山 口 幸 洋『椿の局の記』 近代文芸社 平成一二年

四 新聞・雑誌など

『風俗画報』『法治国』『文芸春秋』『現代の眼』『読売新聞』『東京朝日新聞』『朝日新聞』『福岡日日新

聞』『信濃毎日新聞』『タイムズ』『ニューヨークタイムズ』『法令全書』『帝国議会衆議院議事速記録』
（マイクロフィルム、縮刷版、復刻版またはCD―ROM）
『新聞集成明治編年史』『新聞集成大正編年史』『新聞集成昭和編年史』

五　未刊行史料

「大隈首相トノ交渉顛末」（国立国会図書館憲政資料室蔵「二上兵治関係文書」）
「大山巌日記」大正三年、五年（同右「大山巌関係文書」）
「木戸孝正日記」（国立歴史民俗博物館蔵「木戸家文書」）
「倉富勇三郎日記」（前掲憲政資料室蔵）
「大正天皇御静養方針」（同右「牧野伸顕関係文書」）
「大正天皇実録」（宮内庁書陵部所蔵）
「徳大寺実則日記」（同右）
丸尾錦作「東宮殿下御修学ノ結果報告」（前掲憲政資料室所蔵「三浦梧楼関係文書」）
三上参次「昭和二年三月七日進講案」（同右「牧野伸顕関係文書」）
本居豊穎「皇太子殿下進講摘要」（東京大学文学部国文学研究室蔵）

著者略歴

一九六二年生まれ
一九九二年東京大学大学院人文科学研究科博士課程修了
現在、日本大学文理学部教授

主要著書
『昭和戦中期の総合国策機関』(吉川弘文館、一九九二年)
『昭和天皇』(中央公論新社、二〇一一年)
『ポツダム宣言と軍国日本』(敗者の日本史20、吉川弘文館、二〇一二年)
『建国神話の社会史―史実と虚偽の境界―』(中央公論新社、二〇二〇年)

人物叢書 新装版

大正天皇

二〇〇七年(平成十九)八月一日 第一版第一刷発行
二〇二三年(令和 五)四月一日 第一版第二刷発行

著　者　古《ふる》川《かわ》隆《たか》久《ひさ》
編集者　日本歴史学会
代表者　藤田　覚
発行者　吉川道郎

発行所　株式会社 吉川弘文館
東京都文京区本郷七丁目二番八号
郵便番号一一三―〇〇三三
電話〇三―三八一三―九一五一〈代表〉
振替口座〇〇一〇〇―五―二四四
http://www.yoshikawa-k.co.jp/
印刷＝株式会社 平文社
製本＝ナショナル製本協同組合

ISBN978-4-642-05240-5

『人物叢書』(新装版)刊行のことば

人物叢書は、個人が埋没された歴史書が盛行した時代に、「歴史を動かすものは人間である。個人の伝記が明らかにされないで、歴史の叙述は完全であり得ない」という信念のもとに、専門学者に執筆を依頼し、日本歴史学会が編集し、吉川弘文館が刊行した一大伝記集である。

幸いに読書界の支持を得て、百冊刊行の折には菊池寛賞を授けられる栄誉に浴した。

しかし発行以来すでに四半世紀を経過し、長期品切れ本が増加し、読書界の要望にそい得ない状態にもなったので、この際既刊本の体裁を一新して再編成し、定期的に配本できるような方策をとることにした。既刊本は一八四冊であるが、まだ未刊である重要人物の伝記についても鋭意刊行を進める方針であり、その体裁も新形式をとることとした。

こうして刊行当初の精神に思いを致し、人物叢書を蘇らせようとするのが、今回の企図である。大方のご支援を得ることができれば幸せである。

昭和六十年五月

日本歴史学会
代表者 坂本太郎

日本歴史学会編集

人物叢書〈新装版〉

▽没年順　▽一、四〇〇円～三、五〇〇円（税別）　▽品切書目の一部についてオンデマンド版の販売を開始しました。詳しくは図書目録、または小社ホームページをご覧ください。

日本武尊	上田正昭著	熊襲・蝦夷の征討に東奔西走する悲劇の皇子
継体天皇	篠川　賢著	古代国家形成の画期をつくった六世紀の大王
聖徳太子	坂本太郎著	推理や憶測を排し透徹の史眼で描く決定版！
秦　河勝	井上満郎著	飛鳥時代を生きぬいた聖徳太子の側近の生涯
蘇我蝦夷・入鹿	門脇禎二著	悪逆非道の人間像を内外政治状勢の中に活写
天智天皇	森　公章著	中央集権体制の確立を推進した古代の天皇
額田　王	直木孝次郎著	二人の皇子に愛された『万葉集』女流歌人の伝
持統天皇	直木孝次郎著	天武の皇后波瀾苦悩の生涯を時代の上に描く
柿本人麻呂	多田一臣著	『万葉集』を手がかりに「歌聖」の生涯に迫る
藤原不比等	高島正人著	藤原氏繁栄の礎を築いた稀代の大政治家描く
長屋　王	寺崎保広著	邸宅跡発掘と史料駆使し自尽に至る生涯描く
大伴旅人	鉄野昌弘著	歌の世界を切り開いた万葉歌人・政治家
県犬養橘三千代	義江明子著	奈良朝に華麗な血脈を築き上げた女官の生涯
山上憶良	稲岡耕二著	奈良時代の歌人。独自の作風と貴き生涯追う
道　慈	曾根正人著	黎明期の日本仏教構築を主導した遣唐留学僧
行　基	井上　薫著	架橋布施屋等社会事業史に輝く奈良時代高僧
橘　諸兄	中村順昭著	天平期、政権トップに立った皇親政治家！
光明皇后	林　陸朗著	聖武の皇后天平のヒロイン。仏教興隆に尽す
鑑　真	安藤更生著	奈良仏教・文化に感化与えた唐招提寺の開祖
藤原仲麻呂	岸　俊男著	大臣から逆賊に一転、奈良朝史の秘鍵を解く
阿倍仲麻呂	森　公章著	玄宗皇帝に仕え、唐で客死した遣唐使の生涯
道　鏡	横田健一著	空前絶後の怪僧。女帝治下の暗闘・陰謀を解く
吉備真備	宮田俊彦著	該博な学識を持つ奈良時代屈指の学者政治家
早良親王	西本昌弘著	桓武天皇の皇太子。怨霊イメージに隠れた姿
佐伯今毛人	角田文衞著	東大寺造営の主宰者。渦巻く政局と生涯照射
和気清麻呂	平野邦雄著	勝れた古代革新政治家の真面目を再評価する
桓武天皇	村尾次郎著	人材を登用し清新な政治行った延暦聖主の伝
坂上田村麻呂 新稿版	高橋　崇著	征夷の英雄として名高き武将の全生涯を解明
最　澄	田村晃祐著	日本天台宗の開祖。思想と行動と波瀾の生涯
平城天皇	春名宏昭著	在位三年で新政策を展開した平安初期の天皇

藤原冬嗣　虎尾達哉著　摂関家興隆の基礎を築いた嵯峨天皇の側近

仁明天皇　遠藤慶太著　後に規範とされる宮廷築いた平安前期の天皇

橘嘉智子　勝浦令子著　嵯峨天皇を支えた「檀林皇后」の実像に迫る

円仁　佐伯有清著　最澄の高弟。天台密教を弘めた三世天台座主

伴善男　佐伯有清著　謎秘める応天門の怪火俊敏宰相の数奇な生涯

清和天皇　神谷正昌著　平安前期に即位した初の幼帝。清和源氏の祖

円珍　佐伯有清著　五世天台座主智証大師の生涯を克明に描く！

菅原道真　坂本太郎著　中傷にあい流謫大宰府に死す学問の神天神様

聖宝　佐伯有清著　聖徳太子の後身として崇められた気高い生涯

三善清行　所　功著　『意見封事』で有名な論策家。平安初期漢学者

藤原純友　松原弘宣著　摂関家傍流の中央官人であった純友の生涯

紀貫之　目崎徳衛著　王朝歌壇の偶像から急顚落。業績検討再評価

小野道風　山本信吉著　三跡の代表として名高い平安中期の名筆の伝

良源　平林盛得著　叡山中興の祖。平安中期天台座主。元三大師

藤原佐理　春名好重著　三跡の一、平安中期屈指の能書家の生涯描く

紫式部　今井源衛著　源氏物語作者の生涯を社会・政治背景に浮彫

慶滋保胤　小原　仁著　花山朝の政治を担った浄土信仰の先駆者の伝

一条天皇　倉本一宏著　摂関家と協調し、王朝文化を開花させた英主

大江匡衡　後藤昭雄著　平安朝漢詩文に優れた足跡を残した名儒の伝

源信　速水　侑著　日本浄土教の祖と仰がれる『往生要集』著者の伝

源頼光　朧谷　寿著　大江山酒呑童子退治で有名な頼光の生涯描く

藤原道長　山中　裕著　摂関政治全盛を築き栄華の世を極めた公卿伝

藤原行成　黒板伸夫著　一代の名筆、道長政権下に活躍した貴族官僚

藤原彰子　服藤早苗著　天皇の母として院政への架け橋となった生涯

源頼義　元木泰雄著　義家・頼朝へと続く河内源氏二代目の実像！

清少納言　岸上慎二著　枕草子の著者。学識と機智に富む稀代の才女

和泉式部　山中　裕著　摂関政治全盛時代の代表的・情熱的女流歌人

源義家　安田元久著　天下第一武勇の士と称讃された八幡太郎の伝

大江匡房　川口久雄著　平安末期最高の知識人学者兼政治家の人間像

奥州藤原氏四代　高橋富雄著　平泉王国を建設した清衡以下四代の興亡描く

藤原頼長　橋本義彦著　悪左府―保元乱の元凶か？思想と行動を描く

藤原忠実　元木泰雄著　平安後期、落日の摂関家を担い苦闘した人生

源　頼政　多賀宗隼著　平安末の武将・歌人。平氏打倒に蹶起の実像

平　清盛　五味文彦著　朝廷の政治世界に初めて武家政権を開く生涯

源　義経　渡辺　保著　赫々たる武勲と数奇な運命。悲劇の英雄実伝

西　行　目崎徳衛著　「数奇の遁世者」の行実と特異な生涯を描く

後白河上皇　安田元久著　平氏盛衰、権謀術数もちい朝廷の存続はかる

千葉常胤　福田豊彦著　関東の名族、鎌倉幕府建設の大功労者の生涯

源　通親　橋本義彦著　平安〜鎌倉の宮廷政治家・歌人の手腕と業績

文　覚　山田昭全著　『平家物語』に華々しく描かれる「荒法師」

藤原俊成　久保田　淳著　定家ら新古今歌人を育てた中世和歌の先導者

畠山重忠　貫　達人著　鎌倉武士の典型。美談に富む誠実礼節の勇士

法　然　田村圓澄著　執拗な弾圧下信念に生き抜いた浄土宗の開祖

栄　西　多賀宗隼著　臨済宗開祖・茶祖。思想文化に感化を与えた名僧

北条義時　安田元久著　実朝暗殺―承久の乱に三上皇流す現実政治家

大江広元　上杉和彦著　鎌倉幕府の確立に貢献した文人政治家の生涯

北条政子　渡辺　保著　頼朝没後尼将軍と謳われた女傑の苦悩浮彫す

慈　円　多賀宗隼著　鎌倉初期の天台座主。勝れた和歌と史論残す

明　恵　田中久夫著　栂尾高山寺の開山。戒律を重視した華厳名僧

藤原定家　村山修一著　中世歌壇の大御所、二条派歌学の祖、歌論家

北条泰時　上横手雅敬著　御成敗式目の制定者。鎌倉幕府稀代の名執権

道　元 新稿版　竹内道雄著　曹洞宗の開祖。偉大な生涯と宗教思想を描く

北条重時　森　幸夫著　執権泰時・時頼を支え、幕府に寄与した全生涯

親　鸞　赤松俊秀著　肉食妻帯を自から実践真の民衆宗教を樹立す

北条時頼　高橋慎一朗著　鎌倉時代中期の執権、仏教者の実像に迫る！

日　蓮　大野達之助著　余宗排撃と国難来を予言した波瀾情熱の宗祖

阿仏尼　田渕句美子著　鎌倉時代の女流歌人。その才気溢れる実像！

北条時宗　川添昭二著　蒙古襲来の真相と若き執権の実像に迫る初伝

一　遍　大橋俊雄著　踊り念仏で全国遊行した鎌倉仏教時宗の宗祖

叡尊・忍性　和島芳男著　戒律再興と社会事業に献身した師弟高僧の伝

京極為兼　井上宗雄著　鎌倉期、両統対立の政界に活躍した反骨歌人

金沢貞顕　永井　晋著　鎌倉末期の執権。衰えゆく幕府を支えた生涯

菊池氏三代　杉本尚雄著　肥後の名族菊池氏―南北朝期活躍の武将描く

新田義貞　峰岸純夫著　尊氏と勢威を競い、戦闘に明け暮れた武将伝

花園天皇　岩橋小弥太著　両統迭立期、公正な態度持した文徳高い天皇

赤松円心・満祐　高坂 好著　円心の挙兵、満祐の将軍弑逆等その転変描く

卜部兼好　冨倉徳次郎著　徒然草で有名な中世の隠者・歌人・随筆評論家

覚 如　重松明久著　本願寺を創建して真宗教団の基礎を築く名僧

足利直冬　瀬野精一郎著　父尊氏と生涯死闘を演じた波瀾の武将の実伝

佐々木導誉　森 茂暁著　南北朝動乱「ばさら大名」。風雲児の生涯描く

二条良基　小川剛生著　政治と学芸に功績を残した北朝の関白の生涯

細川頼之　小川 信著　幼将軍義満を補佐し幕府の基礎固めた名宰相

足利義満　臼井信義著　南北朝を合体し大名を制圧、幕府の基礎固む

今川了俊　川添昭二著　南北朝時代の武将。和歌連歌に勝れた風流文人

足利義持　伊藤喜良著　最も平穏な時代を築いた室町四代将軍の初伝

世阿弥　今泉淑夫著　現代になお生きる能の世界を確立した人間像

上杉憲実　田辺久子著　室町前期の関東管領。足利学校再興者の初伝

山名宗全　川岡 勉著　応仁の乱の西軍大将。その豪毅な生涯に迫る

経 覚　酒井紀美著　応仁の乱を記録し大和国支配に奔走した僧侶

一条兼良　永島福太郎著　博学宏才、中世随一の学者。東山文化併せ描く

亀泉集証　今泉淑夫著　室町禅林のキーパーソンの全生涯を描き出す

蓮 如　笠原一男著　盛んな布教活動で真宗王国築いた傑僧の生涯

宗 祇　奥田 勲著　室町後期の連歌師。全国に連歌を広めた生涯

尋 尊　安田次郎著　応仁・文明の乱を目撃した興福寺大乗院の僧

万里集九　中川徳之助著　室町末期の臨済宗一山派の禅僧。文芸と生涯

三条西実隆　芳賀幸四郎著　戦国擾乱の世に公家文化守る教養高い文化人

大内義隆　福尾猛市郎著　文化愛好と貿易富力で山口王国築く戦国大名

ザヴィエル　吉田小五郎著　東洋伝道の使途、わが国最初の耶蘇会宣教師

三好長慶　長江正一著　下剋上の代表と誤解されるが文武備えた武将

今川義元　有光友學著　桶狭間に落命した悲運の戦国大名の実像とは

武田信玄　奥野高広著　謙信と角逐し信長を畏怖せしめた戦国の名将

朝倉義景　水藤 真著　信長に反抗して大敗、越前一乗谷に滅ぶ大名

浅井氏三代　宮島敬一著　信長と互角に戦った北近江の戦国大名の興亡

里見義堯　滝川恒昭著　房総に一大勢力を築いた戦国大名の実像描く

上杉謙信　山田邦明著　戦に明け暮れた越後国の国主の等身大の実像

織田信長　池上裕子著　革命家のごとく英雄視する後世の評価を再考

明智光秀　高柳光寿著　主君弑逆の原因は何か心裡を分析し謎を解く

大友宗麟　外山幹夫著　北九州の雄族キリシタン大名。波瀾・数奇描く

千　利休　芳賀幸四郎著　千家流茶祖。自刃し果る数奇な生涯と芸描く

松井友閑　竹本千鶴著　信長の唯一無二の側近の生涯に迫る初の伝記

豊臣秀次　藤田恒春著　叔父秀吉に翻弄され悲運の生涯を描き出す

ルイス・フロイス　五野井隆史著　戦国期社会を知る貴重な記録を残した宣教師

足利義昭　奥野高広著　運命に翻弄された数奇な室町幕府最後の将軍

前田利家　岩沢愿彦著　変転・動乱の世を生き抜く加賀百万石の藩祖

長宗我部元親　山本　大著　戦国土佐の大名。南国文化築いた名将の生涯

安国寺恵瓊　河合正治著　秀吉の天下統一援けたが関ヶ原役に敗れ斬首

石田三成　今井林太郎著　秀吉に抜擢されて孤忠尽す。果して奸物か？

黒田孝高　中野　等著　官兵衛、如水で知られ、「軍師」とされた実像！

真田昌幸　柴辻俊六著　織豊期を必死に生き抜く、処世術と事跡検証

最上義光　伊藤清郎著　出羽五七万石の礎を築いた戦国武将の全生涯

前田利長　見瀬和雄著　〝加賀百万石〟の礎を築いた二代当主の生涯

高山右近　海老沢有道著　改宗を肯んぜず国外に追放された切支丹大名

島井宗室　田中健夫著　織豊政権に暗躍した博多の豪商、茶人・貿易家

淀　君　桑田忠親著　秀吉の愛妾となり大坂城に君臨自滅した女傑

片桐且元　曽根勇二著　大坂の陣を前に苦悩奔走した真実と実像探る

徳川家康　藤井讓治著　一次史料から全行動を正確に描いた決定版！

藤原惺窩　太田青丘著　近世朱子学の開祖。文芸復興の業績と人間像

支倉常長　五野井隆史著　慶長遣欧使節を努めた仙台藩士の実像に迫る

徳川秀忠　山本博文著　第二代将軍の政策を分析し、人物像を再評価

伊達政宗　小林清治著　独眼よく奥羽を制覇し大藩築く、施政と生涯

天草時貞　岡田章雄著　島原乱の指導者。生立ちと一揆の顛末を描く

立花宗茂　中野　等著　九州柳川藩の祖。軍記による粉飾拭った実伝

宮本武蔵　大倉隆二著　二天一流を開いた江戸初期の兵法家の実像！

佐倉惣五郎　児玉幸多著　義民惣五郎の実在を証明し事件の真相を解明

小堀遠州　森　蘊著　遠州流茶祖。歌道・書・陶芸・造庭の巨匠事蹟

徳川家光　藤井讓治著　「生まれながらの将軍」の四八年の生涯を描く

由比正雪　進士慶幹著　丸橋忠弥らと幕府転覆を企て計破れた快雄伝

林　羅山　堀　勇雄著　博識を以て家康以下三代に仕えた模範的学者

松平信綱　大野瑞男著　家光側近として幕府確立に尽力した川越藩主

国姓爺　石原道博著　鄭成功。抗清復明の義挙に参加温血快漢の伝

野中兼山　横川末吉著　土佐藩制確立期の大政治家。善政苛政を浮彫

保科正之　小池　進著　家綱を後見し、家訓十五条を遺した会津藩主

隠元　平久保　章著　招きに応じて渡来尊崇博した禅宗黄檗派の祖

徳川和子　久保貴子著　葵と菊の架け橋となった東福門院の初の伝記

酒井忠清　福田千鶴著　後世に悪者として描かれた江戸前期の政治家

朱舜水　石原道博著　明末の大儒、水戸学に感化与えた高節帰化人

池田光政　谷口澄夫著　備前岡山藩祖。民政・文教に治績をあげた名君

山鹿素行　堀　勇雄著　日本中朝主義を提唱、儒学者・兵学者の詳伝

井原西鶴　森　銑三著　浮世草子作家の生涯を厳密な作品研究で抉る

松尾芭蕉　阿部喜三男著　最近の研究成果踏まえ作品織り成す俳聖の伝

三井高利　中田易直著　財閥三井家の始祖。元禄期に活躍した大商人

河村瑞賢　古田良一著　海運・治水事業に功遂げた江戸時代の大商人

徳川光圀　鈴木暎一著　水戸黄門で知られる二代藩主を捉え直す実伝

契沖　久松潜一著　僧侶の身で古典を究め近世国学の先駆となる

市川団十郎　西山松之助著　成田屋初代から現十二代までの人と芸の列伝

伊藤仁斎　石田一良著　京都市井の大儒、古学を唱えた堀川学派の祖

徳川綱吉　塚本　学著　賞罰厳明・生類憐み—江戸幕府五代将軍の伝

貝原益軒　井上　忠著　江戸中期経学医学等広範に功残す福岡藩儒者

前田綱紀　若林喜三郎著　加賀藩中興の名君。藩民政典籍収集の功著大

近松門左衛門　河竹繁俊著　劇作家の氏神の素性と生涯を作品と共に描く

新井白石　宮崎道生著　近世詩壇の王者。和漢洋に亙る博学者の全伝

鴻池善右衛門　宮本又次著　大阪随一の富豪。財閥成長の事歴鮮明にする

石田梅岩　柴田　実著　〝心学〟の開祖。生涯と思想行実を巧みに描く

太宰春台　武部善人著　江戸時代を代表する儒者。—その学問と生涯

徳川吉宗　辻　達也著　江戸幕府中興の英主。享保改革の実体を究明

大岡忠相　大石　学著　大岡越前として名高い江戸中期の幕臣の実像

賀茂真淵　三枝康高著　国学の巨匠。業績・生涯を時代と共に描く力篇

平賀源内　城福　勇著　江戸中期の博物学者戯作者。奇才獄中に憤死

与謝蕪村　田中善信著　江戸時代の代表的文人画家の初の本格的伝記

三浦梅園　田口正治著　多数の驚異的哲理書著わす。近世の大思想家

毛利重就	小川國治著	藩政改革を断行した萩藩「中興の祖」の初伝
本居宣長	城福　勇著	国学の大成者。その学問・思想と業績を活写
山村才助	鮎沢信太郎著	鎖国下、世界地理学に先鞭つけた異才の業績
木内石亭	斎藤　忠著	江戸中期の奇石蒐集家日本先史学の開拓者！
小石元俊	山本四郎著	蘭学を京都に広め解剖の技倆に優れた先覚者
山東京伝	小池藤五郎著	戯作浮世絵の大家、典型的通人の文芸と生涯
杉田玄白	片桐一男著	蘭学の確立発展に熱情傾け名誉遺した先覚者
塙　保己一	太田善麿著	群書類従等古典編集校刊の偉業遂ぐ盲人学者
上杉鷹山	横山昭男著	藩政改革に治績あげた米沢藩主。―封建の名君
大田南畝	浜田義一郎著	蜀山人。天明狂歌壇の王者、作品と生涯描く
只野真葛	関　民子著	女性の闘争を宣言した時代に早すぎた人の伝
小林一茶	小林計一郎著	庶民の哀歓を率直に歌いあげた異色の俳人伝
大黒屋光太夫	亀井高孝著	露領の小島に漂着十一年後送還された運命児
松平定信	高澤憲治著	寛政改革を推進し文化人と評された老中の伝
菅江真澄	菊池勇夫著	民俗学の先駆者となった『遊歴文人』の全生涯
鶴屋南北	古井戸秀夫著	『東海道四谷怪談』を書いた狂言作者の生涯
島津重豪	芳　即正著	江戸後期積極的な開化政策推進した薩摩藩主
狩谷棭斎	梅谷文夫著	書誌学・金石学の基礎を築き考証学を大成す
最上徳内	島谷良吉著	江戸後期の蝦夷地探検家。北方問題に寄与大
遠山景晋	藤田　覚著	江戸後期の外交で東奔西走した遅咲きの幕臣
渡辺崋山	佐藤昌介著	幕末の文人画家。蛮社の獄を招いた悲劇の伝
柳亭種彦	伊狩　章著	『田舎源氏』で空前のブーム起した旗本戯作者
香川景樹	兼清正徳著	公家歌学・尚古的歌論斥け歌壇の革新はかる
平田篤胤	田原嗣郎著	宣長の学統継ぐ国学の巨匠。精力的事蹟描く
間宮林蔵	洞　富雄著	大探検家。幕府隠密。明暗併せ描く異色の伝記
滝沢馬琴	麻生磯次著	晩年失明後も辛苦口述続けた最初の稿料作家
調所広郷	芳　即正著	幕末薩摩藩家老。財政改革の全容と生涯解明
橘　守部	鈴木暎一著	独学古典を研鑽し宣長学を批判。新境地開く
黒住宗忠	原　敬吾著	特異な宗派神道―黒住教の霊能と教祖の実伝
水野忠邦	北島正元著	天保改革を断行した悲劇宰相の業績背景活写
帆足万里	帆足図南次著	日本科学史に異彩放つ先駆者の生涯業績描く
江川坦庵	仲田正之著	太平に眠る幕閣に警鐘ならした幕末の名代官

藤田東湖　鈴木暎一著　代表的な水戸学者。熱血漢波瀾の生涯を描く

二宮尊徳　大藤　修著　荒廃農村の復興に尽力した江戸末期の農政家

広瀬淡窓　井上義巳著　門弟三千幕末の逸材多数を輩出した大教育家

大原幽学　中井信彦著　勝れた下総の農民指導者、協同組合の創始者

島津斉彬　芳　即正著　内政外交に卓抜な英知示した開明派薩摩藩主

月　照　友松圓諦著　西郷と相抱いて薩摩潟に投身した憂国勤皇僧

橋本左内　山口宗之著　安政の大獄に散った偉大な青年の行動と事蹟

井伊直弼　吉田常吉著　開国の先覚か違勅の元凶か？時代と人物活写

吉田東洋　平尾道雄著　幕末土佐藩政改革の主役者。隠れた偉才の伝

緒方洪庵　梅溪　昇著　種痘の普及、適塾を主宰した江戸の蘭医学者

佐久間象山　大平喜間多著　識見高邁幕末の開国論者。奔走中凶刃に斃る

真木和泉　山口宗之著　幕末尊攘派の理論的指導者。波瀾の生涯描く

高島秋帆　有馬成甫著　西洋砲術を修め率先洋式兵制と開国を唱道す

シーボルト　板沢武雄著　鎖国下西欧科学を伝えた近代日本の一大恩人

高杉晋作　梅溪　昇著　士庶混成の奇兵隊を創設した幕末の長州藩士

川路聖謨　川田貞夫著　日露和親条約締結の立役者。幕府に殉じた生涯

横井小楠　圭室諦成著　雄藩連合による開明的施策に身命捧げた先覚

小松帯刀　高村直助著　大政奉還から王政復古を演出した薩摩藩家老

山内容堂　平尾道雄著　幕末土佐の名君。詩酒奔放。大政奉還の偉功者

江藤新平　杉谷　昭著　明治初期立法の偉功者佐賀乱に敗れて刑死す

和　宮　武部敏夫著　公武合体の犠牲─家茂に嫁した数奇な皇女伝

西郷隆盛　田中惣五郎著　太っ腹で誠実、維新三傑の一。大生涯を描く

ハリス　坂田精一著　日本開国の主役─辣腕外交家の真面目を描く

森　有礼　犬塚孝明著　伊藤内閣初代文相。各界で活躍した事蹟描く

松平春嶽　川端太平著　幕末越前の名君。波瀾苦悩の生涯と政情描く

中村敬宇　高橋昌郎著　女子教育・盲啞教育を開拓した偉大な啓蒙家

河竹黙阿弥　河竹繁俊著　近世演劇の集大成者。作品解説兼ねる好伝記

寺島宗則　犬塚孝明著　幕末明治の激動期を生きた外務卿の本格的伝

樋口一葉　塩田良平著　貧窮裡に天稟を磨き忽然世を去った薄命作家

ジョセフ＝ヒコ　近盛晴嘉著　漂流渡米し受洗帰化、我国最初の新聞発刊者

勝　海舟　石井　孝著　機略縦横、不遇未完の政治家を維新期に活写

臥雲辰致　村瀬正章著　ガラ紡織機を発明し日本産業発展史に名残す

黒田清隆　井黒弥太郎著　埋もれた明治の礎石。多彩・悲劇の生涯描く

伊藤圭介　杉本　勲著　日本植物学の始祖。近代科学史上の先駆者！

福沢諭吉　会田倉吉著　広範な資料に基づく近代日本の大先覚者の伝

星　亨　中村菊男著　凶刃に斃れた明治政界偉材の怒濤・波瀾の伝

中江兆民　飛鳥井雅道著　仏学派代表と目された奇人兆民の理想と生涯

西村茂樹　高橋昌郎著　明治初期の思想家・教育者。多彩な業績紹介

正岡子規　久保田正文著　俳句・和歌の革新に不滅の偉業遂ぐ巨匠描く

清沢満之　吉田久一著　明治仏教界の明星。宗教的天才の思想と生涯

滝　廉太郎　小長久子著　「荒城の月」「箱根八里」等名曲残す天才作曲家

副島種臣　安岡昭男著　ハイカラで威厳に満ちた明治期外務卿の生涯

田口卯吉　田口　親著　近代日本建設に前人未到の足跡残した快男児

福地桜痴　柳田　泉著　非凡な才能世に容れられず才人の再評価描く

陸　羯南　有山輝雄著　徳富蘇峰らと対峙した孤高のジャーナリスト

児島惟謙　田畑　忍著　大津事件に司法権独立護持。明治法曹界巨人

荒井郁之助　原田　朗著　初代中央気象台長。自然科学の基礎築く先覚

幸徳秋水　西尾陽太郎著　社会主義から無政府主義へ。大逆事件で刑死

ヘボン　高谷道男著　幕末日本に渡来、銘記すべき業績残した恩人

石川啄木　岩城之徳著　薄命の大天才歌人。波瀾の裏面生活を浮彫す

乃木希典　松下芳男著　古武士的風格と家庭生活併せ描く将軍の実伝

岡倉天心　斎藤隆三著　日本美術の優秀性を世界に唱道した大先覚者

桂　太郎　宇野俊一著　長州藩閥のエリートが閥族政治の脱却に挑む

徳川慶喜　家近良樹著　江戸幕府最後の将軍。複雑な性格と行動描く

加藤弘之　田畑　忍著　初代東大総長。一世に感化与えた碩学の生涯

山路愛山　坂本多加雄著　明治大正期の卓越した思想家愛山の本格的伝

伊沢修二　上沼八郎著　明治教育界の大開拓者近代教育の基礎を築く

秋山真之　田中宏巳著　独自の兵学で日本海海戦に勝利した戦術家伝

前島　密　山口　修著　郵便の父。近代日本確立期、多彩に活躍の人

成瀬仁蔵　中嶌　邦著　近代女子教育に尽力した日本女子大の創立者

前田正名　祖田　修著　明治殖産興業の推進者広汎な活動克明に描く

大隈重信　中村尚美著　早大創立者。波瀾万丈の偉大な政党政治家！

山県有朋　藤村道生著　国軍建設の父、明治の元勲。絶対主義の権化

大井憲太郎　平野義太郎著　自由民権の急先鋒。労働・社会運動の先駆者

河野広中　長井純市著　立憲政治の完成を追求した民衆政治家の生涯

富岡鉄斎　小高根太郎著　セザンヌ・ゴッホに比すべき非凡な文人画家

大正天皇　古川隆久著　激動の明治・昭和の狭間を治めた守成の君主

津田梅子　山崎孝子著　女性解放と女子教育の開拓に精魂尽す先覚者

豊田佐吉　楫西光速著　世界的鉄製自動織機を完成。発明王・紡績王

渋沢栄一　土屋喬雄著　近代日本の発展に多大な役割演じた大実業家

有馬四郎助　三吉　明著　我国行刑史上不滅の名残すクリスチャン典獄

武藤山治　入交好脩著　鐘紡王国建設、時事新報社長等政財界に活躍

坪内逍遙　大村弘毅著　明治大正期文壇に君臨した文豪、劇作評論家

山室軍平　三吉　明著　伝道と社会事業に献身した日本救世軍司令官

阪谷芳郎　西尾林太郎著　大蔵大臣、東京市長等を務めたエコノミスト

南方熊楠　笠井　清著　奇行・型破りの非凡な学者。学問・業績を描く

山本五十六　田中宏巳著　真珠湾奇襲作戦を実行した〝名提督〟の実像

中野正剛　猪俣敬太郎著　東条に抗し弾圧下に割腹。激動・波瀾の詳伝

三宅雪嶺　中野目　徹著　雑誌中心に社会を論じた稀有の言論人の生涯

近衛文麿　古川隆久著　首相を三度務めた昭和前期の政治家の全生涯

河上　肇　住谷悦治著　弾圧下学問的良心守るマルクス主義経済学者

牧野伸顕　茶谷誠一著　昭和天皇の信任篤かった内大臣の生涯を描く

幣原喜重郎　種稲秀司著　平和をめざし尽力した外交官・政治家の生涯

御木本幸吉　大林日出雄著　伝説化した真珠王伝を大きく書き改めた力篇

尾崎行雄　伊佐秀雄著　藩閥に抗し軍国主義と戦う、憲政の神の生涯

緒方竹虎　栗田直樹著　戦後55年体制の礎を築いた政党政治家の足跡

石橋湛山　姜　克實著　明治〜昭和に活躍した言論人・政治家・思想家

八木秀次　沢井　実著　「八木・宇田アンテナ」を発明した科学技術者

森戸辰男　小池聖一著　一貫して社会科学者であり続けた生涯を描く

▽以下続刊